EXPOSITION UNIVERSELLE DE 1867 A PARIS

CATALOGUE SPÉCIAL

DU

ROYAUME DE HONGRIE

Publié par la Commission royale

PARIS
TYPOGRAPHIE AUGUSTE MARC
22, RUE DE VERNEUIL, 22

1867

EXPOSITION UNIVERSELLE DE 1867 A PARIS

CATALOGUE SPÉCIAL

DU

ROYAUME DE HONGRIE

Publié par la Commission royale

PARIS
TYPOGRAPHIE AUGUSTE MARC
22, RUE DE VERNEUIL, 22

1867

Ce Catalogue contient, outre la liste nominative des exposants hongrois et la dénomination des objets exposés, une description concise de la force productive du pays, illustrée de quelques données statistiques. Cette publication a été réputée indispensable par la considération que, par suite de la crise politique que le pays vient de traverser, son exposition n'a pu se présenter telle que l'auraient exigé les intérêts industriels et commerciaux.

MEMBRES DE LA COMMISSION

DU RESSORT DE L'AGRICULTURE

MM. le comte Jules Andrássy;
le comte Jean Barkóczy;
Daniel Benko;
le comte Pierre Cseronics;
François Entz;
le comte Alexandre Erdœdy;
Adolphe Erkœvy;
le comte Antoine Forgách (membre de la Commission à Paris);
Étienne Gorove;
Vincent Jankó;
le comte Alexandre Károlyi;
le comte Béla Keglevich;
Ladislas Kovách;
Jules Kautz;
Frédéric Harkányi;

MM. Gabriel Lónyay;
Melchior Lónyay;
Étienne Morócz;
Gabriel Peterdy;
François Péczely;
Paul Somssich;
le comte Antoine Szapáry;
Ignace Szendrey;
Paul Sporzon;
Charles Szathmáry;
Paul Térey;
Auguste Tréfort;
Joseph Urményi;
le comte Jean Waldstein;
le comte Henri Zichy (membre de la Commission à Paris).

DU RESSORT DE L'INDUSTRIE ET DU COMMERCE

MM. Frédéric Barber;
Louis Beregszászy;
Léopold Feivel;
Maurice Fischer;
Abraham Ganz;
Jacques Hirsch;
François A. Jálics;
Frédéric Kochmeister;
Étienne Kœlber;

MM. M. F. Mannschœn;
Charles-Louis Posner;
Louis Rósa;
S. Schossberger;
Gerson Spitzer;
Fr. Strobentz;
Joseph Szabó;
Joseph Ullmann.

DU RESSORT DES BEAUX-ARTS

MM. Nicolas Barabás;
Joseph Diescher;
Emeric Henszlmann;
Nicolas Izsó;
Antoine Ligethy;

MM. Jean Marschalkó;
Antoine Szkalniczky;
Charles Szandház;
Maurice Thán.

QUELQUES NOTICES

SUR LES

PRINCIPAUX PRODUITS

DU

ROYAUME DE HONGRIE

APERÇU GÉNÉRAL

Le royaume de Hongrie, avec les parties annexes (Esclavonie, Croatie et le littoral hongrois) et la grande principauté de Transylvanie, comprend une superficie de 5,872 lieues géographiques, et forme, par conséquent, 54 pour cent de la superficie totale de l'empire d'Autriche.

Le chiffre de la population du royaume est de 15,200,000 âmes, formant 49 pour cent du chiffre de la population de l'empire.

La surface cultivée du royaume est partagée en

	Arpents cadastraux.		Hectares.
Terres arables. . . .	17.322.837	=	9.960.631 275
Prairies	7.152.071	=	4.112.440 825
Pâturages	8.654.841	=	4.976.533 575
Bois	15.333.668	=	8.816.859 100
Vignobles	770.268	=	442.904 100
	49.233.685	=	28.309.368 875

ce qui représente 53 pour cent de la surface cultivée de l'empire.

Produit annuel de la culture rurale :

	Metzen viennois.		Hectolitres.	
Froment	28.000.000	=	17.500.000	(en sommes rondes).
Froment-seigle . .	16.414.000	=	10.100.000	
Seigle.	28.000.000	=	17.500.000	
Maïs	38.000.000	=	23.400.000	
Orge	20.000.000	=	12.300.000	
Avoine	36.000.000	=	22.200.000	
Graine de colza . .	1.000.000	=	620.000	
Légumes secs . . .	2.000.000	=	1.230.000	

	Quintaux.		Kilog.
Graine de lin et de chanvre. .	1.121.000	=	63.000.000
Tabac	1.479.000	=	74.000.000
Lin	263.000	=	14.728.000
Chanvre.	805.000	=	45.080.000
Laine	300.000	=	16.800.000
Vins . . . . (eimers)	24.000.000	=	13.500.000 hectolit.

Farines fabriquées dans 147 moulins à vapeur

Id. 71 id. mécaniques

Farines fabriquées dans	13.474	id.	à eau
Id.	7.966	id.	à manége
Id.	476	id.	à vent

	Quintaux.		Kilogr.
Produit annuel de mouture :	45,000,000	=	2.500.000.000

Les produits agricoles du pays les plus propres à l'exportation sont :

Le blé et la farine de blé.

La graine et l'huile de colza.

Le tabac.

Les vins.

La laine.

Les bois de construction et le douvain.

Le chanvre.

En 1861, la Hongrie a exporté :

	Metzen.		Hectolitres.
Froment	5.500.000	=	3.400.000 (sommes rondes).
Seigle-froment et seigle pur.	1.100.000	=	676.000
Maïs.	1.300.000	=	800.000
Orge	650.000	=	400.000
Avoine	1.000.000	=	615.000

	Quintaux.		Kilogr.
Farine de blé (en 1863) .	800.000	=	44.800.000
Laine.	250.000	=	14.000.000
Tabac.	80.000	=	4.500.000
Vin (eimers)	130.000	=	73.000 hectolitres.
Bois de construction (pieds cubes).	64.000.000	=	23.000 hectostères.

BLÉ

Quoiqu'on puisse dire, sans aucune exagération, que tout le blé produit en Hongrie est en général de bonne qualité, celui du Banat, des comtés de Bacs et de Fehér, et des plaines côtoyant le Tibisque est réputé le meilleur de tous.

Les grands entrepôts du commerce de grains sont les places de Pesth, Monsony (Wieselburg), Gyœr (Raab), Tœrœkbecse, Szeged, Nagy Kanizsa. Celle de Pesth étant la plus importante, on peut regarder les prix cotés sur le marché de cette capitale comme les prix moyens du pays :

Ces prix ont été :

En 1824.	fl. 1 21	kr.	v. a.	=	fr.	3	»
De 1836 à 1845	» 1 82	»	»	=	»	4	55
En 1851	» 2 86	»	»	=	»	9	15
De 1854 à 1861	» 4 37	»	»	=	»	10	90
En 1862 (août)	» 4 70	»	»	=	»	11	75

Le froment de Hongrie pèse de 86 à 91 livres le metzen : 48 [10] à 50 [90] kilog. l'hectolitre.

(Pour les prix cotés en valeur autrichienne, il faut tenir compte de l'agio sur l'or et l'argent, dont les variations entraînent des différences très-sensibles pour l'acheteur étranger.)

Les transports de grains arrivent sur la place de Pesth par les voies ferrées et par le Danube; de là on leur fait gagner Vienne par le chemin de fer de la rive gauche, mais plus généralement par le Danube, à bord de bateaux ordinaires, par le touage à chevaux ou à vapeur.

Au sud, les grains sont transportés de Pesth et des contrées situées sur la rive droite du Danube au port de Trieste par les voies ferrées. Le prix de transport sur cette ligne, de Bude à Trieste, est de 80 kreuzers le quintal : 3 fr. 90 c. les 100 kilog.

FARINE

Le blé de Hongrie fournit de la farine et de la semoule de qualité supérieure, et l'orge est transformée en gruau gros et perlé de très-bonne qualité, dans des moulins à vapeur établis sur plusieurs points du pays, et dont le nombre augmente de jour en jour. Les moulins les plus considérables sont à Pesth-Bude, à Debrecin, à Arad, à Presbourg, dans les comtés de Somogy, Bács, Fehér, Veszprem et Temes.

Depuis l'abolition, en 1848, des droits seigneuriaux, le taux des salaires, dans les campagnes, ayant subi une hausse considérable, l'emploi des machines agricoles à vapeur, et spécialement des machines à battre le blé, a pris un développement très-considérable, surtout dans les grandes exploitations. Des relevés statistiques prouvent, en effet que, de tous les pays du continent, la Hongrie est celui qui possède le plus grand nombre de machines à battre le blé mues par la vapeur, proportionnellement au terrain qui produit le blé. Il y en a plus de 600 en activité.

La fabrication des farines a fait des progrès surprenants depuis 1850. A cette époque, le chiffre d'exportation restait au-dessous de 200,000 quintaux, tandis qu'aujourd'hui il dépasse celui d'un million. Seuls, les moulins de Pesth moulent plus de 3 millions et demi de metzen de grains par an, et les fabricants sont forcés, par suite de la demande croissante, d'augmenter chaque année le nombre des meules en activité.

Le jury international de l'Exposition universelle de Londres (1862) a apprécié l'excellence de la farine hongroise en décernant 5 médailles de prix aux exposants.

Les progrès réalisés par les facilités de communications internationales permettent actuellement de faire concourir les farines hongroises sur les marchés d'Amérique, d'Alexandrie et d'Australie.

COLZA

Cette graine est cultivée principalement dans les vastes plaines qui couvrent les comtés de Bács, Torontal, Csongrad, Békés, Csanad, Arad, Pesth, Heves sur la rive gauche, et ceux de Fehér, Tolna et Baranya sur la rive droite du Danube.

Les récoltes annuelles dépendent en grande partie des conditions météorologiques, et sont, par conséquent, variables. En 1861, la production totale montait à un million de metzens = 650,000 hectolitres, tandis qu'en 1862 elle atteignait à peine le quart de ce chiffre.

Le prix, en 1861, était de fl. 7,50 = fr. 18,75, et en 1862, fl. 8,50 = fr. 21,25. On peut prendre 6 florins = 15 fr. comme prix moyen.

L'entrepôt central pour le colza est la ville de Pesth. La plus grande partie de la récolte est exportée de Hongrie en graine; néanmoins, il y a, dans le pays, quelques établissements affectés à l'extraction de l'huile. Un des moulins les plus importants se trouve près de Pesth, à Rakos-Palota, propriété de MM. S. W. Schossberger et ses fils. Dans cette usine, 160,000 metzen = 98,400 hectolitres de graines de colza sont mis sous les presses chaque année, et produisent environ 40,000 quintaux = 2,240,000 kilog. d'huile, et 80,000 quintaux = 4,480,000 kilog. de tourteaux, dont une grande quantité est exportée en Angleterre.

Voici les prix de ces articles, en 1862 :

1° Huile raffinée double, 36 florins = 90 fr. le quintal, fût compris; dans les années précédentes, le prix était d'environ 27 fl. = 67 fr. 50 c.

2° Huile de colza brute, 35 florins = fr. 87,50; dans les autres années, de 25 à 26 florins = fr. 62,50 à fr. 65.

3° Huile à graisser pour les machines, dont l'usage est très-répandu en remplacement de l'huile d'olive, 38 fl. = fr. 95.

4º Tourteaux de colza, 1 fl. 50 = fr. 3,25 le quintal, prix ordinaire.

Les tourteaux de lin représentent aussi un produit dont l'exportation a lieu en quantités considérables. Le quintal est coté à 4 florins = fr. 10.

TABAC

En Hongrie, la culture du tabac est pratiquée sur une grande échelle. Quoique la fabrication et le débit du tabac à priser et à fumer, y compris les cigares, soient un monopole de l'État, on peut obtenir de l'administration l'autorisation pour planter et le permis d'exporter cet article; aussi cette culture favorite des Hongrois s'étend-elle toujours davantage.

Pour ses besoins, l'État autorise tous les ans la culture d'une superficie d'environ 75 à 100,000 arpents, plus une certaine étendue de terrain pour le tabac destiné à l'exportation. En 1862, ce terrain comprenait environ 8000 arpents = 4,600 hectares. Les sols les plus propres à cette culture sont situés sur la rive gauche du Tibisque.

La quantité produite sur les terrains réservés aux manufactures de l'État donne le chiffre de 750,000 quintaux = 42,000,000 kilog., et celle destinée à l'exportation représente environ 80,000 quintaux, = 4,480,000 kilog. Pour peu qu'il soit donné une impulsion à cette culture par l'accroissement de la demande, la production pourrait être doublée et même triplée.

Voici les prix, tels qu'ils avaient été fixés par l'administration des manufactures de l'État, pour le tabac destiné à couvrir ses besoins pendant les années 1862, 1863 et 1864.

A. Tabac ordinaire en feuilles.

1° Provenant de Debrecin, Szamoshat, Szullok, Nagy-Karoly, Szeged, des bords du Tibisque, tabac muscat et ordinaire des jardins, sans tige, prix par quintal :

Feuilles 1er choix.......	fl.	11	»	= fr.	27	50	
1re qualité.............	fl.	8	50	= fr.	21	25	
2e »	fl.	6	50	= fr.	16	25	
3e »	fl.	4	»	= fr.	10	»	

2° Provenance de Nagy-Karoly et Szullok, avec la tige.

1re qualité.............	fl.	7	50	= fr.	18	75	
2e »	fl.	5	50	= fr.	13	75	
3e »	fl.	3	45	= fr.	8	62	½

3° Provenance de Pécs (Fünfkirchen), feuilles avec tige.

1re qualité.............	fl.	6	50	= fr.	16	25	
2e »	fl.	5	»	= fr.	12	50	
3e »	fl.	2	75	= fr.	6	87	½

4° Provenance de Pécs, avec la tige.

Feuilles de choix.......	fl.	10	»	= fr.	25	»	
1re qualité.............	fl.	7	50	= fr.	18	75	
2e »	fl.	6	»	= fr.	15	»	
3e »	fl.	3	50	= fr.	8	75	

5° Provenance de Cserbely, en feuilles.

1re qualité.............	fl.	7	30	= fr.	18	26	
2e »	fl.	5	25	= fr.	13	12	½
3e »	fl.	3	50	= fr.	8	75	

6° Enveloppes de cigares de toutes sortes, à tige.

1re qualité.............	fl.	21	»	= fr.	52	50
2e »	fl.	18	»	= fr.	45	»
3e »	fl.	14	»	= fr.	35	»

B. Feuilles des jardins.

7° Provenance de Csetnek.

1re qualité.............	fl.	10	»	= fr.	50	»
2e »	fl.	15	»	= fr.	37	50
3e »	fl.	8	»	= fr.	20	»

8° Feuilles fines à tige, provenance de Fadd, Vék, O-Gyalla, Debrœ, Vitnyéd et Transylvanie première.

1re qualité.............	fl.	14	50	= fr.	36	25
2e »	fl.	11	»	= fr.	27	50
3e »	fl.	8	»	= fr.	20	»

9° Feuilles de Vitnyéd, Keszekfalva, Janoshat, Vicsenheit, Fibisch (Banat), Nagy-Dorogh et fin moyen de Transylvanie.

1re qualité.............	fl.	11	»	= fr.	27	50
2e »	fl.	9	»	= fr.	22	50
3e »	fl.	6	50	= fr.	16	25

10° Les feuilles fines premier choix, tabac pour pipe, provenant de Debreciu campagne............... fl. 12 » = fr. 30 »

Le tabac compris sous la lettre A sert à fabriquer les cigares et le tabac à priser; toutes les sortes cotées sous la lettre B sont fumées dans les pipes.

Les prix des acheteurs négociants diffèrent suivant les endroits; on peut les fixer, en moyenne :

A fl. 16 = fr. 40, le quintal pour la 1re qualité;
de fl. 10 à 12 = fr. 30, pour la 2e qualité;
de fl. 6 à 8 = fr. 15 à 20, pour la 3e qualité.

D'après les dernières nouvelles les prix sont en hausse.

Parmi les négociants en gros engagés actuellement dans le commerce des tabacs on peut citer :

1° L.W. Schossberger, à Pesth, ayant pris pour son compte environ 2,000 arpents = 1,150 hectares sur la superficie affectée à la culture du tabac destiné à l'exportation.

2° Lederer frères, à Pesth, 1,500 arpents = 862,5 hectares.

3° Isidore Kohn, à Pesth, 1,000 arpents = 575 hectares.

4° Kohen frères, à Pesth, 500 arpents = 287,5 hectares.

Les restrictions apportées dans la culture du tabac n'ont cessé que depuis 7 ans, mais depuis ce temps cette culture, ainsi que le mouvement commercial, ont augmenté dans des proportions extraordinaires, et aujourd'hui plusieurs autres maisons sont engagées dans ce commerce, outre celles indiquées ci dessus. La plus forte partie du produit destiné à l'exportation est achetée par le gouvernement français.

VINS

Pour la viticulture, la Hongrie est un des pays les plus importants de l'Europe. Il n'y a que la France qui le surpasse quant au chiffre de la production annuelle, tandis que, pour la qualité, la Hongrie reste sans rivale.

Les vins de Hongrie n'étaient pas, jusqu'à présent, suffisamment connus, parce que par suite de différentes causes une très-petite quantité seulement a été exportée à l'étranger, et c'est à la même circonstance qu'il faut attribuer l'absence de quantités considérables de vins parfaitement préparés. Toutefois, on trouve aujourd'hui des assortiments plus que l'on n'en a demandé jusqu'à présent pour l'exportation. Pourvu que l'on veuille s'adresser aux bonnes sources, on trouvera d'excellentes qualités en masse. Il y a des producteurs dont les caves sont remplies de milliers d'eimers qui attendent les acheteurs, mais il y a aussi plusieurs négociants bien accrédités pouvant fournir à ordre de 15 à 20,000 eimers, = 8 à 10,000 hectolitres de bon vin.

Pour donner une idée approximative de l'échelle de production du vin hongrois, il suffira de dire qu'en Hongrie seulement (sans compter la Transylvanie, la Croatie, l'Esclavonie et les frontières militaires) 591,356 arpents (340,029 hectares) sont affectés à la viticulture; que la production annuelle (environ 7 1/2 eimers par hectare) donne le chiffre de 25 millions d'eimers, et que, d'après la connaissance que nous avons aujourd'hui de la valeur de nos vins, on trouvera sur cette quantité la matière de 300,000 eimers d'une qualité qui, avec un traitement convenable, pourra devenir un article d'exportation.

Des vins supérieurs sont produits dans les districts ci-après, savoir :

		Produit annuel en eimers.
1.	Tokay-Hegyalja en 19 endroits...................	268,000
2.	id. aux environs, 25 endroits..........	130,000
3.	Ménes-Magyarat, 14 endroits....................	241,000
4.	Ruszt et le comté de Sopron (Oedenburg, 19 endroits.	59,000
5.	Somlo et le comté de Veszprim, environ 7 endroits..	25,000
6.	Badacson et les environs du lac Balaton, 10 endroits..	90,000
7.	Neszmély et les environs, 7 endroits..............	80,000
8.	Ermellék, comté de Bihar, 20 endroits............	240,000
9.	Eger-Visonta, 19 endroits........................	240,000
10.	Szegzárd, comté de Tolna, 13 endroits	150,000
	A reporter......	1,523,000

	Report........	1,523,000
11.	Villany et ses environs, 11 endroits...............	80,000
12.	Comté de Baranya, 11 endroits..................	400,000
13.	Bude et ses environs, 6 endroits..................	400,000
14.	Pest-Kœbanya (Steinbruch), 7 endroits.............	50,000
15.	Szerednye, 8 endroits...........................	60,000
16.	Comté de Nógrad, 14 endroits.....................	150,000
17.	Comté de Hont, 14 endroits......................	40,000
18.	Comté de Poson (Presbourg), 11 places...........	100,000
19.	Vag-Ujhely, 1 seul endroit......................	6,000
20.	Comté de Fehér (Stuhlweissenbourg), 8 endroits.....	60,000
21.	Comté de Somogy, 10 endroits....................	40,000
22.	Comté de Vas, 19 places.........................	60,000
	Total, 272 endroits; par an........	2,969,000
		= 1,722,000 hectolitres.

Les localités désignées ci-dessus sont déjà connues dans le pays, mais il y a encore un grand nombre de places produisant du vin de qualité supérieure qui n'est pas envoyé au marché.

Des vins de liqueur et de dessert sont fabriqués à Tokay-Hegyalja et ses environs, à Ménes-Magyarat, Ruszt, Sopron (Oedenbourg, Badacson et aux environs du lac de Balaton.

Des vins de table rouges, comparables aux meilleurs vins de France, sont récoltés à Eger (Erlau), Visonta, Szegzard, Villany, dans le comté de Baranya, à Bude et ses environs, Vag-Ujhely, etc., etc.

Les meilleures places pour les vins de table blancs sont : Magyarat, Somlo, le comté de Veszprém, Badacson, les environs du lac de Balaton, Neszmély, Ermellék, Pesth-Kœbanya (Steinbruch), Szerednye, les comtés de Nograd, Hont, Poson (Presbourg), Fehér, Somogy et Vas (Eisenbourg).

Les premières qualités du vin de Somlo ne sont pas inférieures, sous un bon traitement, au meilleur sauterne. Nonobstant leur excellence en qualité, les vins de Hongrie sont vendus à bas prix. La raison en est que ces vins ne sont pas exportés, et qu'ils sont même presque inconnus dans les pays d'Occident. L'Exposition actuelle fournit au public une belle occasion d'apprécier leur valeur.

Les meilleurs crus pour la table sont vendus en Hongrie, en grandes quantités, à 10, 15, 20, florins l'eimer, = 50, 75, 100 fr. l'hectolitre; les bons ordinaires, à 6, 8, 10, florins, = 30, 40, 50 fr. l'hectolitre.

Si des capitalistes voulaient donner la main à nos producteurs et ouvrir ainsi pour nos vins des marchés étrangers, ce commerce deviendrait bientôt un des plus importants et des plus lucratifs.

Le prix de transport par quintal (équivalant à peu près à un eimer en fût sur le chemin de fer) est de 6 fr. rendu à Paris en gare; par Trieste et la voie de mer le nolis est plus bas, surtout s'il est pris comme chargement de retour.

Outre la grande quantité et variété de vins de dessert et de table, il reste d'énormes quantités propres à la distillation, et l'on pourrait, moyennant un certain capital, établir des distilleries d'eau-de-vie (cognac), soit pour la consommation, soit comme moyen de préparer les vins propres à remplacer le Porto et le Xérès.

LAINE

La Hongrie nourrit plus de 12 millions de têtes de race ovine, et produit environ 300,000 quintaux, = 16,800,000 kilogr. de laine par an, dont 154,000 quintaux rangés parmi les sortes fines, et 146,000 quintaux parmi les sortes ordinaires.

Voici les noms des principaux producteurs :

	Quintaux par an.
1. Le baron SIMON SINA	3,085
2. Le comte LOUIS KÁROLYI	1,031
3. Le prince PHILIPPE BARTTHYANY	1,000

	Quintaux par an
4. Les comtes CAMILLE et ALADÁR ZICHY	1,000
5. Le comte GEORGES FESTELITS	700
6. Le comte GEORGES KÁROLYI	700
7. Les domaines du primat de Hongrie	500
8. Le comte EDMOND ZICHY	500
9. Le comte MAURICE SÁNDOR	450
10. L'évêché de GYŒR (Raab)	400
11. Les comtes DENIS et ÉMERIC SZÉCHENYI	320
12. Le prince de SAXE-COBOURG-GOTHA	260
13. Le comte PAUL PÁLFFY	280
14. Le comte JEAN WALDSTEIN	100
15. L'abbaye de CSORNA	100
16. M. PAUL KIS DE NEMESKÉR	80
17. Le comte JULES JANKOVICH	80
18. Le comte GEORGES ANDRÁSSY	70
19. Le comte FÉLIX ZICHY-FERRARIS	70
20. Le domaine de la couronne O'BUDA	30
21. Le baron NICOLAS VAY	30
22. M. ROBERT CZILCHERT	30
23. M. CONSTANTIN GHIKA	28
24. M. ÉDOUARD EGAN	10

L'entrepôt principal des laines est la place de Pesth, où des foires ont lieu quatre fois par an. La laine est achetée par des négociants étrangers, soit directement, soit par l'entremise de négociants du pays.

La plus grande partie des laines fines est produite sur les grands domaines. Ceux de M. le baron S. Sina en fournissent le chiffre le plus considérable de tous. Plusieurs propriétaires, tels que les comtes Zichy, à Langh, comté de Fehér (Stuhlweissenbourg), Louis et Georges Karolyi, le prince Batthyany et plusieurs autres, obtiennent 1,000 quintaux par an et au-dessus.

Un grand nombre de propriétaires produisent entre 1,000 et 500; le nombre de ceux qui en obtiennent entre 500 et 100 quintaux est encore plus considérable.

Depuis quelque temps on s'attache généralement à produire plutôt de la laine fine pour draps que de la laine peignée.

Quant à la qualité des laines de Hongrie, la Commission du Jury international de l'Exposition de Londres, en 1862, en a hautement apprécié la valeur en décernant à un grand nombre d'exposants la médaille d'honneur, bien que les toisons aient été présentées à l'état imparfait, parce que la tonte avait été avancée de six semaines sur l'époque ordinaire en vue de l'Exposition, et qu'en outre le lavage laissât boucoup à désirer, la température ayant été trop froide lorsque le lavage eut lieu.

On s'occupe actuellement d'établir un lavoir de laine sur une grande échelle.

PRODUITS FORESTIERS

Les forêts occupent presque un quart du pays, mais la distribution n'étant pas égale, il y a des contrées privées de forêts, et où le prix du bois est excessivement élevé, tandis que dans les districts forestiers le bois abonde tellement qu'il n'a pas de prix.

Les forêts les plus étendues sont situées dans les comtés d'Arva, Turocz, Lipto, Maramaros, Trenchin, les parties nord des comtés de Zemplen, Ungh et Beregh, et dans les comtés de Krasso, Bihar et Arad, celles qui avoisinent la Transylvanie. Dans les comtés de Baranya, Somogy, Veszprém, les forêts abondent également, mais par rapport à l'exportation aucune de ces contrées ne peut rivaliser avec l'Esclavonie, qui est la plus rapprochée de la mer Adriatique.

On trouve dans les forêts plus généralement le pin, le chêne commun et de Turquie, et le hêtre ; l'érable, l'aune, le frêne et le tilleul sont moins répandus.

Le pin se trouve principalement dans les comtés de Maramaros, Arva, Turocz et Lipto, mais par quantités moins compactes ; il est répandu sur une vaste surface commençant à Presbourg et suivant la crête de la chaîne des Karpates jusqu'au sud de la Hongrie, au Banat; on le trouve aussi sur la rive droite du Danube, dans les comtés de Baranya et Vas.

Les chaînes de montagnes plus tempérées abondent en hêtres et en chênes, spécialement les comtés de Krasso et de Somogy, avantageusement connus pour leurs vastes forêts de hêtres. On sait que pour les besoins de l'agriculture, il n'y a guère de bois de construction qui soit supérieur au hêtre.

Dans les plaines, le chêne de Turquie et le chêne commun prévalent.

Le commerce des bois se fait principalement par la voie fluviale. Il est pratiqué sur une grande échelle sur la rivière du Tibisque, avec les bois provenant de Maramaros, Beregh et Ugocsa. Il y a, en outre, un commerce très-actif dans cet article sur les rivières de Szamos, Kœrœs, Berettyo, et principalement sur le Maros. Les entrepôts sont, sur le Tibisque : Tisza-Ujlak, Tisza-Füred, et spécialement Szolnok et Szegedin; sur le Maros, ce sont : Lippa, Arad et Mako.

Dans la vallée du Danube, le bois arrive par la rivière de Vag, sur des radeaux transportant les produits des forêts d'Arva, Turocz, Lipto et Trenchin; les entrepôts sont : Hradek, Rozsahegy (Rosemberg), Zsolna, Vag, Ujhely, Szered, et principalement Komarom (Comorn). Cette dernière place fournit les bois de construction à toute la contrée située le long du Danube jusqu'à la frontière de Turquie.

Des quantités considérables de bois sont aussi transportées sur les rivières de Garan et d'Ipoly; mais aucune n'est supérieure, sous ce rapport, à la Drave, pour les bois provenant des forêts de la Styrie et de la Croatie. De grandes quantités de bois, venant de l'archiduché d'Autriche et de Bavière, arrivent encore sur le Danube à Pesth, où le commerce de cet article est très-actif et étendu.

Depuis quelques années, le prix du bois a considérablement augmenté. La cause principale de cette hausse doit être attribuée aux grandes entreprises de constructions et aux chemins de fer, où il est assez souvent employé comme combustible. On a constaté que le prix des bois de construction est aujourd'hui quadruple de ce qu'il était il y a quinze à vingt ans. Nonobstant cela, on trouve des forêts en grand nombre où le bois est presque sans valeur faute de moyens de transport.

Le prix moyen des bois de construction de première qualité et de celui applicable aux outils et ustensiles d'agriculture et d'économie domestique, peut être fixé à fl. 1 et fl. 1 kr. 20 = fr. 2,50 et fr. 3 par pied cube; les dimensions extraordinaires, depuis fl. 1, 20 kr. jusqu'à fl. 2 = fr. 3 à fr. 5. Nous parlons du bois dur; le bois tendre coûte un tiers de moins.

Des douves d'excellente qualité sont transportées des contrées avoisinant le Maros et le Tibisque, ainsi que de l'Esclavonie à Trieste. Marseille, Cette et Bordeaux en achètent de 40 à 45 millions par an, ce qui représente déjà 500,000 pieds cubes de bois brut. L'entrepôt principal est Trieste; rendu dans ce port de mer, 1,000 douves (36 pouces de long, 4 1/2 à 5 pouces de large et 1 pouce d'épaisseur), coûtent fl. 110 à 120 = fr. 275 à fr. 300 pris en bloc, avec 20 à 30 pour cent de rebut.

Sur les lieux de fabrication, le prix des douves varie, selon les dimensions, de kr. 60 à 80 = fr. 1,50 à fr. 2.

Pour les acheteurs étrangers, on peut désigner la ville de Sziszek, sur la Save, comme une place d'entrepôt où les bois de construction reviennent de 1/5 ou 1/4 moins cher qu'à Pesth.

LIN ET CHANVRE

Ces deux produits sont également susceptibles de devenir des articles d'exportation.

Les districts du nord de la Hongrie présentent toutes les conditions requises pour la production du lin, spécialement les comtés de Szepes

(Zips), Saros, Arva, Turocz, Lipto, Trenchen, Zolyom, et même Marmaros et Vas (Eisenbourg).

Dans la Hongrie méridionale, la culture du lin est remplacée par celle du chanvre. Parmi les places où ce produit est obtenu en qualité surfine, on peut ranger les comtés de Bacs et la partie méridionale du comté de Pesth-Solt. Le produit récolté dans ces endroits est connu sous le nom de *chanvre d'Apathin*, nom d'un village du comté de Bacs, sur le Danube, station de bateaux à vapeur. Si ce chanvre est inférieur en finesse à celui des autres pays, il ne le cède à aucun quant à la force de la fibre.

La production pourrait être considérablement augmentée, vu le concours que lui prêtent et la prédilection des populations rurales pour cette culture et l'excellence du sol. La seule chose qui manque, c'est la demande sur les marchés étrangers.

Le prix du chanvre varie surtout suivant la qualité. Les principaux négociants à Pesth sont : J. Birnbaum, qui a obtenu la médaille d'honneur à Londres (1862); Jean Aigler, Michel frères et Joseph Peszl.

Voici les prix cotés sur le marché de Pesth :

1. Chanvre brut,	de 16 1/2 à 17 fl.	le quintal	= fr. 41 25 à fr. 42 50.
2. Chanvre pour cordes,	23 1/2 fl.	»	= fr. 58 75
3. Chanvre mixte à filer,	29 » fl.	»	= fr. 72 50
4. Étoupe fine,	10 » fl.	»	= fr. 25 »
5. Étoupe brute,	de 7 à 8 1/2 fl.	»	= fr. 17 50 à fr. 21 25.

LES OBJETS

DE

L'HISTOIRE DU TRAVAIL HONGROIS

A l'Exposition universelle de 1867, à Paris

Une armoire ornée des armes du royaume de Hongrie avec cette inscription :

MAGYAR ORSZAG
ROYAUME DE HONGRIE
MUSÉE NATIONAL

contient, presque exclusivement, des objets d'archéologie et des parures nationales, œuvres des siècles passés, expédiés par la Diète hongroise, et auxquels sont venus se joindre les envois de quelques particuliers. Bien que cette collection contienne des spécimens isolés appartenant à toutes les époques, on a choisi, avec une attention scrupuleuse, les ornements et les pièces de luxe qui décoraient autrefois les costumes ou la table des grands seigneurs. Ce serait une tâche difficile, sinon impossible, de vouloir préciser le lieu de fabrication de chaque objet ou le nom de son ancien possesseur, parce qu'une grande partie des objets appartenant aujourd'hui au musée hongrois ont été achetés à M. *Nicolas de Jankovich* qui les avait lui-même collectionnés au commencement de notre siècle, et qui n'était pas toujours à même d'en constater l'origine; les personnes qui les avaient trouvés faisaient d'autant plus souvent un mystère de leur découverte qu'en vertu d'une ancienne loi, un tiers revenait au propriétaire du terrain où la trouvaille avait été faite, un autre tiers à l'État, et seulement le troisième à la personne qui avait trouvé. Néanmoins, pour un grand nombre d'objets, les inscriptions, le millésime et le lieu de découverte peuvent servir de point de départ à la détermination. Ce qui est certain, c'est qu'au moyen âge la Hongrie se trouvant alors parfaitement au niveau de la civilisation européenne, il y avait, non-seulement en *Scepuse* (pays situé au Nord, habité par une colonie de Saxons), *dans les villes minières* et en *Transylvanie*, mais encore, suivant d'anciennes chartes, dans plusieurs villages donnés aux monastères par les souverains, enfin, dans quelques autres villes, telles que *Büde* et *Presbourg*, des orfévres renommés qui travaillaient pour le clergé, lequel jouissait alors d'une grande considération, et aussi pour la classe toute-puissante des seigneurs. Ces orfévres exécutaient notamment les coupes nombreuses offertes, suivant la coutume, aux rois et aux princes, comme cadeaux de couronnement ou de noce; puis l'argenterie travaillée en filigrane, avec un émail particulier dont le secret avait été surpris à l'Orient et s'était répandu depuis *Cronstadt* en Transylvanie jusqu'à *Czenstochau* en Pologne, grâce à l'accueil favorable que faisaient à cet art nouveau les grands du royaume.

Comme la plupart des objets proviennent d'une collection publique, on comprendra facilement que ce qui est exposé n'est pas la partie la plus considérable ni la plus précieuse. Un musée, aussi bien qu'un particulier, ne livre qu'avec une grande hésitation ses spécimens uniques, de peur des accidents nombreux qui peuvent arriver et dont aucune compagnie d'assurances ne veut prendre sur elle la responsabilité; et, pour éviter les accidents, la surveillance la plus attentive ne paraît pas toujours suffisante. Le connaisseur qui désirerait étudier les objets de l'âge de pierre et les bronzes tout particuliers de notre pays, les précieuses antiquités romaines que l'on y trouve en grand nombre (1), et les trésors religieux et laïques du moyen âge, en toute matière, devrait prendre la peine de visiter les villes de *Posony* (*Presbourg*), *Esztsrgom* (Gran), *Pesth* et plusieurs autres de la haute Hongrie; pour prix de son dérangement, il y trouvera tout ce que l'on peut rencontrer dans un pays presque entièrement dévasté à la suite de tant de vicissitudes et de malheurs qui ne sont ignorés de personne en Europe.

Nota. Pour éviter la confusion, on a conservé ici l'arrangement et les numéros courants du « Catalogue de la section d'Autriche, » publié à Vienne avec une traduction française. Pour faciliter l'étude des objets contenus dans l'armoire hongroise, ceux qui sont remarquables sous différents rapports ont été marqués d'une étoile *.

OBJETS APPARTENANT AU MUSÉE

a) Objets anciens

* 1. Marteau d'armes, longueur 9 pouces et demi.

Ce genre d'armes se trouve souvent, et peut-être presque exclusivement dans notre pays; il n'est pas rare dans nos collections.

2. Agrafe en bronze, avec une grande spirale et quatre plus petites, composées de plaquettes représentant des oiseaux et des feuilles lancéolées. Longueur 15 pouces.

(1) Qu'il nous soit permis d'appeler ici l'attention du lecteur sur les heureuses reproductions de ce trésor archéologique, dont une partie seulement a été exposée par la Direction du Musée I. R. des Arts et de l'Industrie de Vienne, dans une armoire placée dans le couloir du palais de l'Exposition, consignée dans le Catalogue des reproductions galvanoplastiques, exécutées dans l'atelier du Musée I. R. nos 4 à 11, et dont les spécialistes ont déjà hautement apprécié le mérite.

Il y a des doutes sur la nature réelle de cet objet.

* 3. HAUSSE-COL en bronze avec deux rouleaux en fil par derrière; très-belle plaque.

Trouvé à *Isteumezœ* (comté de Heves).

Un autre spécimen pareil, trouvé à *Erdökövesd* (comté de Heves), est possédé par M. le chanoine Arnold d'Jpolyi à Eger (Erlau). On ne connaît pas d'autres exemplaires de ce genre.

* 4. SABRE EN FER avec poignée de bronze. Trouvé à *Szendro* (comté de Borsod).

La lame est pliée, circonstance que l'on s'explique parce qu'avant la découverte de l'art d'aciérer le fer, celui-ci étant mou, le devint encore davantage lors de la crémation du cadavre, on le courba en l'enfonçant dans l'urne avec d'autres objets.

5. COLLIER-CHAINE en or solide. Ses ornements consistent en pendants de forme triangulaire garnis de grenats avec aiguillettes en breloques.

6. COLLIER-CHAINE en or avec boules en grenat et pendeloques en forme de cœur et de croissant.

7. BOULE en or avec fermoir en émail.

8. 9. BRACELETS en or, avec têtes de dragon ornées de grenats, à charnière, et se fermant au moyen de vis.

10. BAGUE en or de forme circulaire, partagée en quatre par une croix ornée de grenats de Bohême.

11. BAGUE en or en forme d'étoile à six rayons; ornée de grenats de Bohême.

Les objets, n°s 5 à 11, avec plusieurs agrafes en or et en argent, les doubles des bagues exposées, etc., ont été donnés au Musée par feu l'archevêque de Kalocsa, Joseph Kunszt. On les a trouvés, en 1859, à sa ferme de *Bakod* (comté de Pesth) sur deux squelettes de femmes, simplement inhumés dans le sol.

Jusqu'à présent, on avait attribué ces objets à l'époque des empereurs Valentinien ou Valens, mais après les avoir comparés avec les objets exposés au Musée français de l'Histoire du travail, faisant partie du Musée de Troyes, et avec ceux conservés au Louvre, les connaisseurs les ont rangés dans cette époque de décadence de l'art que l'on désigne par le nom de *mérovingienne*; ces objets appartiendraient, dès lors, au cinquième ou au sixième siècle.

* 12. La plaque d'une couronne byzantine, admirablement émaillée, avec la figure de l'empereur Constantin Monomache (+1054), entourée d'oiseaux et de feuillage, portant l'inscription :

KΩN	KPAT
CTAN	OPOM
TINOS	CONO
AVTO	MONO
	MAXO
	S

* 13. Une autre *plaque* de la même couronne, du même travail que la première, avec la figure d'une danseuse faisant flotter un châle au-dessus de sa tête; les ornements qui l'entourent sont les mêmes que ceux du nº 12.

Ces deux plaques ont été trouvées, l'une et l'autre, à *Nyitra-Ivanka* (comté de Nyitra), dans un champ, pendant le labourage.

* Le musée de Pesth possède encore cinq autres plaques de cette même couronne, avec les figures de *Zoë*, de *Théodora*, d'une autre danseuse et des vertus cardinales. Ces 7 pièces, avec la 8e qui manque, ont formé ensemble une couronne fermée. L'exécution fine et tout à fait hors ligne de ces deux plaques a déjà captivé l'attention particulière des connaisseurs.

14. Fragments de mosaique provenant des fouilles faites dans les ruines de l'église basilique de Notre-Dame *d'Albe-Royale*, fondée par saint Étienne, roi de Hongrie, +1032.

15. Sceptre en argent d'un travail grossier.

16. Crucifix en bronze jadis doré, ayant probablement formé la tête d'un bourdon de pèlerin.

17. Plaque pectorale (Encolpium) en argent, ayant la forme de la croix grecque à bras arrondis, admirablement émaillée. La chaîne, en

fil d'argent, est en grande partie rongée par la rouille, et les émaux sont tombés du cadre pour la plupart.

18. Bague en or avec pierre dalmandine. Le fermoir s'ouvre et se ferme au moyen d'une espèce d'épingle à cheveux en or. Légende en caractères kufiques : [illegible] disant : Abdullah-Ben-Mahomed.

* Les objets n°s 15 à 18 ont été trouvés en 1848 à *Albe-Royale*, dans le tombeau du roi *Béla III* (+ 1196).

19. Couronne en bronze à crêtes en fleur de lis au-dessus du cercle frontal; l'ornement est composé de 28 grenats, 2 améthystes et 38 perles décomposées. Cette pièce, qui appartient au douzième siècle, a été trouvée dans un des monastères de l'*île Sainte-Marguerite* (entre Bude et Pesth).

AIGUIÈRES

* 20. Aiguière. Un centaure porte sur son dos un joueur de flûte, et tient dans sa main un instrument ressemblant à une caisse de tambour percée de trous.

Ce vase, de forme singulière, date du douzième siècle. Il a 16 pouces de hauteur sur 10 de largeur. Il a été trouvé en 1860, lors des travaux de terrassement du chemin de fer entre *Szent-Andràs* et *Cassovie* (comté d'Abauj).

21. Aiguière en cuivre jaune. Tête de femme; du sommet, sur un couvercle tournant, est assise une figure tenant à la main un fouet; elle est entourée de quatre figures de femme, représentant sans doute les quatre vertus cardinales.

BOUCLES DE CHAPE

22. Boucle de chape en argent doré, à 6 lobes. La circonférence est découpée à jour; les ornements consistent en scènes de chasse et animaux placés çà et là. Sous les trois dais, on voit la sainte Vierge, accos-

tée à droite de sainte Catherine, à gauche de sainte Barbe. Les quatre piliers qui déterminent les trois niches comportent chacune une figurine de varlets. Cette œuvre, produit du seizième siècle, est complétement entourée de turquoises et de fleurs contenant des perles. Sur les deux baldaquins latéraux, on voit gravées sur des écussons les lettres B et R; l'écusson du milieu est détaché. Cet objet a été trouvé à *Albe-Royale*.

23. Agrafe de chape de la même forme et du même style : seizième siècle; trouvée à *Duna-Pentele.* Elle est ornée de limaçons, de roses et de figures reposant sur des colonnettes, avec des turquoises et deux grenats un peu plus grands.

Au-dessous des baldaquins, disposés de la même manière que l'ornement du nº 22, on voit, au milieu, la sainte Vierge, accostée de deux saints couronnés, avec le même attribut : une flèche; sous les pieds de l'un il y a un chien; un oiseau se trouve sous ceux de l'autre. Deux figures sont placées contre la base de chaque pilier.

24. Agrafe de chape, de même forme que les précédentes : seizième siècle; trouvée à *Cassovie.* La circonférence est ornée d'animaux nombreux et de fleurs. Les compartiments du cadre sont déterminés par des dragons. Au milieu, se trouve une triple arcature gothique dont les dais comportaient autrefois des roses; celles qui existent encore sont ornées de pierres. La figure de sainte, debout au milieu, est peut-être celle de sainte Élisabeth, patronne de l'église cathédrale de *Cassovie;* elle est flanquée, comme au nº 22, à droite de sainte Catherine tenant le glaive, et à gauche de sainte Barbe avec la tour emblématique. Chaque sainte tient un livre à la main gauche. Sous les piliers, on voit alternativement la figure de la sainte Vierge et celle d'un saint inconnu. Les intervalles sont comblés par des animaux et du feuillage.

25. Agrafe pareille à la précédente, en argent doré : seizième siècle; trouvée à *Bude.* Le cadre, composé de segments circulaires, est orné de boutons et de fleurs garnies de turquoises, d'émeraudes et d'aquamarins; les lignes de séparation sont formées par des cônes doubles. Les trois dais sont terminés par des fleurs. Celui du milieu est, de plus, rehaussé en haut et en bas par des pierres rouges; la sainte

Vierge avec l'enfant est debout au milieu, tenant un livre; à droite, on voit sainte Catherine avec le glaive, à gauche, sainte Thérèse avec la flèche. Sous les piliers, des figures parallèles à celles du nº 24. La marque : ~~~ prouve que cette œuvre est un produit de Nuremberg, parmi lesquels il faut ranger les spécimens pareils que l'on trouve en grand nombre dans le pays, comme par exemple au musée des Pères de l'ordre des Écoles pieuses (Piaristes), à Vacz (comté de Pesth).

BURETTES ET CALICES

26 et 27. Burettes d'autel en argent doré, rehaussé de filigranes et de grenats. Le corps et le pied de ces vases sont ornés de poires, et la gargouille présente la figure d'un serpent. Les couvercles portent de petites figures assises; à l'intérieur de l'une des burettes, on distingue la lettre A (aqua); à celui de l'autre, sur fond émaillé, la lettre V (vinum) : seizième siècle.

20. Calice en argent doré du quinzième siècle. Sur la coupe, on lit cette inscription :

hic · est · calix ·

novi · testamenti · in · meo · sanguine

Sur le fond de la coupe, au-dessous d'un feuillage autrefois émaillé de bleu, on voit, sur six compartiments, la sainte Vierge avec l'enfant, sainte Marguerite, saint Pierre, saint Paul, sainte Barbe, et un martyr inconnu, tenant à la main droite une branche de palmier et à la main gauche un panier; le fond translucide de ces figures est en émail vert. L'émail appliqué aux vêtements est tombé. Le nœud du calice se compose de six niches ajourées, séparées par des piliers, des arêtes et une toiture au-dessus. Sur le prisme hexaèdre placé à l'envers, comme on l'a vu sur d'autres calices, on lit cette inscription :

m | ar | ia | hi | lt

Maria Hilf

ce qui ferait présumer l'origine allemande de cette œuvre, si cette même inscription ne se trouvait pas reproduite sur maints autres ouvrages faits en Hongrie, tels que, par exemple, la cloche de *Cseszneк*, et si l'ornementation particulière jointe au choix des saints nationaux ne venait pas militer en faveur de cette opinion, qu'il s'agit d'une œuvre exécutée en Hongrie par un artiste allemand. Sur le pied du calice est vissé un petit écusson mobile en argent, portant une tête de femme couronnée (peut-être les armes de la famille Forgach), et au-dessus est burinée la figure de sainte Barbe, sur l'un des compartiments du pied; les autres portent les figures de saint Pierre, saint Paul, *saint Émeric*, *saint Ladislas* et saint Jean-Baptiste. Au-dessous de ces images, il y a un cercle à jour et des bâtons en forme de cordon.

Au-dessous, on lit ces mots :

Calicem hunc musæo nationali donavit Joannes Comes Keglevica de Buzin. S. C. R. A. Mattis Camerarius 1815,

puis n° 2 gratté dans le métal.

29. Calice en argent doré. Sur la coupe on voit trois écussons armoriés. Sur le premier, une figure barbue tenant à la main un livre, le Sauveur, s'élève au-dessus d'une couronne fleurdelisée; sur le second, le haut d'un mur crénelé d'un château avec deux étoiles à sept rayons; sur le troisième, un cygne issant, ailes déployées, d'une couronne fleurdelisée. La coupe du calice, ainsi que le nœud et le pied, sont ornés de fleurs d'or et d'argent avec des grenats au milieu du mur

crénelé, et d'un feuillage riche garni de perles, quinzième siècle. Au bas sont écrits au burin ces mots :

REGIS · OPVS · DONVMQVE · FVI · POST · SAECVLA
TANDEM · ME · TRIA · GENS
TENEAT · CLARA · MIGATIADVM

et ensuite :

LEONARDVS · CIANVS · TRIDENT · ECCL · VAG
CAN · SACERDOS · OB
BENEFICIA · GRAT · ANIMI · MON · A · XPI · MDCCXCIX

Le sens du premier vers est malheureusement douteux. Outre la marque de Nüremberg, on voit un nom gratté dans le métal, que l'on pourrait prendre pour *Csaktor*...

30. Sonnette en argent doré, dont le manche est cassé.

CRUCHES

31. Cruche en argent doré, à couvercle. La circonférence est partagée en quatre champs, contenant une représentation de l'enfant prodigue, suivant le XVe chapitre de l'Évangile de saint Luc. Le premier tableau porte cette inscription :

PATER · DA · MIHI · PORCIONEM · SUBSTANTIAE
QVAE · AD · ME · REDIT

Le deuxième tableau :

DISSIPAVIT · SVBSTANTIAM · SVAM · VIVENDO
LVXVRIOSE · LVCE · XV

Le troisième :

CVPIEBAT · IMPLERE · VENTREM · SVVM · DE
SILIQVIS · LVCE · XV

Enfin le quatrième,

FILIVS · MEVS · MORTVVS · ERAT · ET · REVIXIT
PERIERAT · ET · INVENTVS · EST

Ces magnifiques bas-reliefs sont séparés par des colonnes en saillie et entourés d'un beau cadre composé de figures et de feuillages. L'anse du vase est formée par une figure de femme courbée en dehors, les bras sur le sein, les pieds appuyés sur une belle tête antique, magistralement exécutée. Le poucier du couvercle est formé par une figure de femme, ornée d'une couronne de vierge. Sur la plaque du couvercle on voit de petits anges montés sur des chèvres, alternant avec des oiseaux et du feuillage. En guise de bouton, un aigle aux ailes éployées est posé sur un bras d'homme tenant une masse d'armes. Cette œuvre paraît appartenir à une époque plus récente. Sur la partie intérieure du couvercle est exécuté un bas-relief : la Mort héroïque de Curtius. Le fond porte les lettres gravées A. V. S. et les lettres D, R, grattées. Il y a les traces incertaines d'un timbre ressemblant aux lettres LA. Vieux style allemand.

32. CRUCHE d'argent à couvercle, dorée en partie, ornée de feuillages burinés. Au-dessous, dans un médaillon, on voit l'agneau portant le gonfalon, marchant à gauche ; les lettres de la légende sont seules lisibles : MNADQTPM, mais on n'en explique pas le sens. Du couvercle s'élève un écu de Zapolya, avec le millésime de 1565, autour duquel un ruban doré porte les mots :

ZAZVAROSI * FODOR * ANDRAS * ANNO * 1604

(André Fodor de Szaszvaros [Transylvanie] 1604). A l'intérieur, un autre médaillon, très-beau, avec la figure de saint Georges, correspond à celui-ci. Sur l'anse sont gravés au poinçon les mots :

MICHAEL HELVIC SIGMEO ✶ 1680

A l'intérieur se trouve encore un médaillon représentant Mercure qui porte une tête d'homme, sans doute la tête d'Argus. Près de la paroi, on distingue une très-petite figure d'homme ✱ en guise de timbre, et les lettres MICH (ael) ; un clou porte les lettres EM.

33. Cruche en argent doré. Parmi des feuillages très-bien grâvés, on voit sur le couvercle des têtes isolées, inscrites dans des médaillons ; sur la partie bombée, ces têtes sont placées deux par deux. L'anse présente un travail magistral d'ornementation ; l'extrémité est formée par une tête de Mercure, qui se perd dans des queues de sirène. Sur le couvercle, un lion, debout, tient un bouclier avec les lettres I · F
✶ ✶ ✶
Le fond porte le timbre :

34. Cruchon en argent repoussé, doré en partie, à couvercle et anse. Sur sa partie bombée l'*Histoire de Jacob* est représentée en bas-relief repoussé. Au sommet du couvercle, sur un écusson, un cerf courant entre deux arbres. L'extrémité de l'anse représente un joug. Le timbre, reproduit sur le couvercle et la *sole*, est celui-ci :

35. Cruche à bec d'argent repoussé, à couvercle et anse dorés. D'un côté, entre le feuillage en bas-relief, un *Bacchus* assis sur un tonneau ; à sa droite, *Cérès* ; à sa gauche, *Vénus*, comme si l'artiste avait voulu illustrer cet adage : *Absque Cerere et Libero friget Venus, Sine Baccho et Cerere Venus friget?* Le couvercle est sommé d'une pomme de pin. Ce couvercle et le pied sont ornés de feuillages avec animaux, fruits et fleurs. L'anse se compose de figures de femmes au-dessus d'une tête. Son extrémité, formant un joug, est cannelée. La gorge est d'un travail plus moderne. Le timbre est appliqué deux fois. La hauteur de l'objet est de 18 pouces et demi ; le diamètre de l'embouchure de 4 pouces et demi.

36. CRUCHE à vin, sans couvercle, en argent, à anse repoussée, dorée en partie. Des deux écussons, celui de droite porte au-dessus d'une couronne un bras armé d'un sabre surmonté d'une croix, avec les mots : APOR ISTVAN; celui de gauche porte un cerf se cabrant à droite, avec l'inscription :

FARKAS SVSANNA

et le millésime de 1704. Au fond, on voit le timbre GV.

37. VASE A BOIRE en argent doré, en forme de *dromadaire* posé sur un piédestal orné de fleurs, de serpents et d'autres figures. Sur le derrière est montée une petite figure tenant la bride. On voit l'estampille d'Augsbourg.

Cette œuvre est du dix-huitième siècle.

COUPES

38. COUPE en argent doré, en forme d'*ours* accroupi, tenant dans la patte gauche de devant un bouclier. Autour du cou on lit l'inscription suivante :

ICH · HAIS · DER · BER · SHERZ · NIT · ZVVIL
DAS · ICH · DEIN · BEGER

« Ours je me nomme, pas trop ne plaisante, si ne veux que je te happe. »

Sur la circonférence on voit la lettre M, et au bas le timbre M de Nuremberg ; puis les armes de Nicolas de Jankowich et le timbre ... ICH, 1800. Dans la gueule de l'ours, il y a aussi quelque chose comme un timbre. Dix-huitième siècle.

39. COUPE en argent doré, en forme d'*autruche*. Sur le piédestal on voit des serpents et des couleuvres rampant. L'autruche tient dans son

bec un fer à cheval, ressemblant aux anciennes armes de la maison d'Anjou en Sicile. Le cou et le haut de la tête sont garnis de pierres. Au pied on voit les timbres [illegible] Dix-huitième siècle.

40. COUPE avec couvercle, en argent doré repoussé, ornée d'*écus de Brunswick* (soixante pièces) frappés depuis 1660 jusqu'à 1695. Le milieu du fond est occupé par un grand écu de *Georges-Guillaume, duc de Silésie*. L'espace entre les pièces de monnaie est comblé par un feuillage gravé. Sur le couvercle, et au-dessous d'un bouton cannelé, se trouve un écu avec cette inscription :

EN HONNEUR DU SOUVERAIN DU TRÈS-NOBLE
ORDRE DE LA JARRETIÈRE

avec la figure de saint Georges au milieu ; et au revers :

DU TRÈS-HAUT
TRÈS-PUISSANT ET
TRÈS-EXCELLENT PRIN
CE CHARLES II ETC. M·DC·LXXVIII

Autour de l'écu se trouvent quatre gros mariens (Mariengroschen) et quatre écussons différents sur un plan, et au-dessous, sur des baguettes brisées, dix monnaies de 1670 portant la suscription :

XII · MARIEN GROSH ·
* * *

Dans les intervalles, des fruits repoussés. Au pied de la coupe, des monnaies plus petites, avec la suscription : VI MARIE GROS, puis les estampilles [illegible] [illegible]

41. COUPE-CALICIFORME sans couvercle, en argent doré repoussé, ornée de têtes de bélier et de trois anses tordues. La partie bombée

porte une figure ailée ayant un violon entre les mains, un tambour et un homme armé d'un bâton. Le couvercle est muni de trois anses, au-dessus desquelles est debout un soldat armé d'une lance et d'un bouclier avec lune et étoiles. L'estampille sur le couvercle et sur le cordon de circonférence montre une couronne avec les lettres  au-dessous. Dix-huitième siècle.

42. Coupe-calice avec couvercle en argent doré repoussé. Le bouton formé par trois têtes de bélier, est réuni à la coupe par trois feuillages distincts. La coupe est ornée de cadres en relief de bon goût, avec trois bouquets de fleurs dans les intervalles. La figure de femme qui orne le couvercle tient de la main droite une cruche, et de la gauche un calice. Au pied on voit l'estampille

43. Coupe-calice avec couvercle, en argent repoussé et doré. Le bouton est formé par quatre spirales. La coupe porte, dans des cadres ornementés, des têtes d'anges et des plateaux de fruits. Au sommet du couvercle un guerrier armé de la lance et du bouclier reste debout. L'estampille est peu distincte, appliquée probablement une seconde fois; elle représente un branchage

44. Coupe-calice avec couvercle, entièrement dorée et repoussée. Sur la coupe on voit, dans des cadres ornés de feuillage, un cavalier allemand tirant un coup de pistolet à un soldat turc armé d'une lance et arrivant au galop; un troisième cavalier paraît être hongrois. Le bouton est composé de trois figures de femmes alternant avec des têtes d'anges. Le bouton est relié à la coupe par trois spirales bordées de perles. Au pied, le coussinet supérieur est orné de fruits. Le couvercle est plus moderne.

45. Coupe-calice en argent, repoussée et dorée en partie. Sur la coupe ventrue il y a trois têtes d'hommes inscrites dans autant de couronnes; dans les intervalles des fleurs et des fruits. L'anse est formée par une figure d'homme vêtue d'un long manteau à fourrures et d'une coiffe de même genre. La base porte un écusson armorié. Porte de château à trois guichets : dans celui du milieu, un chevalier debout,

armé du sabre et du bouclier, au-dessus de lui un turc portant un étendard à chaque main. A droite un chien qui court, à gauche un chameau, tous les deux encadrés. Des fruits et du feuillage font le tour du couvercle, le tout couronné de feuillage en argent.

46. Coupe-calice en argent doré, la coupe ornée de feuillage. La bordure porte cette inscription :

+ N. HUNIADI FERENCZ ES ALMASI BORBARA
AJANDEKOZTA AZ KOLOS VARI
UNIT · EKLK, ISTEN·DÜCSÖSEGERE 1731

A la gloire de Dieu, donné par les Très-nobles François Huniadi et Barbe Almási à l'église des Unitairiens à Kolosvár (Clausenbourg) 1731.

Le bouton est orné de trois têtes de bélier du milieu desquelles s'élèvent trois sirènes jusqu'à la coupe. On y voit l'estampille et au-dessous les lettres B E en monogramme. Du couvercle s'élève un joli bouquet de fleurs en argent.

47. Ciboire pour le viatique, cuivre doré et émaillé. L'extérieur est orné de feuillages sur émail bleu et de quatre croix à branches égales, alternativement blanches et rouges, et blanches et vertes entourées de cercles. La coupe, faite à Limoges, est du treizième siècle, le pied d'une époque plus récente ; ce dernier porte les lettres gravées : E·M·V·G·T·

GOBELETS

48. Grand bocal d'argent, doré en partie. Aux côtés on voit le baptême du Christ, saint Antoine l'hermite et saint Jérôme ciselés, d'un travail excellent ; devant ce dernier saint on lit le millésime 1512. B : H et sur le bord cette inscription :

DER : DEN : HIMEL : HAT : BESESE : DER : GESEGEN : VNS
DAS : DRINCKEN : VND : ESSEN

« Celui qui possède le ciel, nous bénisse le boire et le manger. »

Autour du pied cylindriforme :

Gott allein die Ehre

A Dieu seul la gloire

49. Gobelet en argent doré fondu, travaillé au tour et ciselé. La fonte est habilement exécutée. Le gobelet est placé debout sur trois cerfs accroupis. Les membrures faisant le tour sont garnies de joli feuillage. Il y a cette inscription sur deux lignes :

SRMO PPI STEFANO VRBS
WARADINA ·
1540 · VJ · CYAT · VOVET

Sur la partie inférieure on lit le millésime 1800 et deux fois le nom de JANKOWICH.

* Le Musée national hongrois possède six gobelets pareils que l'on prétend avoir été tirés du lac d'Ecsed. Mais leurs inscriptions sont tellement suspectes de nouveauté que nous pouvons à peine retenir nos doutes quant à l'authenticité de cette écriture. Ce qui est indubitable, c'est que les inscriptions ont été gravées après la dorure des gobelets. Le n° 50, en tout pareil au précédent, n'est pas exposé.

51. Gobelet uni en argent, doré en partie, coniciforme. Le bord est orné d'un feuillage gratté; plus bas on voit trois têtes de lion tenant un anneau. Sur l'extérieur du bord, dans un cadre circulaire, un lion marchant à droite. Au pied l'estampille ~~~~~ Seizième siècle.

52. Gobelet en argent fondu, à bord doré. A mi-hauteur et au pied une couronne de feuillage doré l'entoure, trois lions en repos sur des bases oblongues forment les pieds. Au-dessus des lions on voit six aigles aux ailes éployées. L'estampille sur le bord est indistincte. Seizième siècle.

53. Coupe en argent doré, basse, à pied. La coupe porte un paysage gratté représentant une chasse. Au pied on voit estampées de petites

allégories et des têtes d'hommes au milieu d'arabesques. Au bas deux estampilles différentes :

54. GOBELET en argent, entièrement doré au dedans, et en partie au dehors. Le bord et le pied sont ornés de feuillages fondus ; sur les côtés des ornements dorés et burinés. Au bas de la coupe l'estampille, et au pied

55. GOBELET en argent à dorure plus récente. Comme ornement trois branches ayant chacune trois feuilles de chaque côté. Un écusson d'armes placé au milieu d'un cercle, portant une couronne à trois branches de laquelle sort un lion couronné, se cabrant à droite, à double queue. Le pied de devant tient trois flèches, avec la devise :

CLEME · MIKES · CEL · PR · TRÆ : COS · IVD · PRÆ
ET · RE · M · PROTR · 1682

Au-dessus le chiffre VIII, probablement pour indiquer le VIIIe gobelet de ce genre. L'estampille est celle-ci :

56. GOBELET en argent, doré en partie cylindriforme. Tout autour règnent quatre rubans en feuillage. Dans celui du bord on lit :

BARANYAY GAL ISTVANE : EZ AZ POHAR · 1627 ·

« Ce gobelet appartient à Étienne Gal de Baranya. » Au milieu on voit, dans trois couronnes de fleurs, deux têtes d'hommes et une tête de femme. L'estampille montre les lettres

57. GOBELET en argent, doré en partie. Dans le cercle du côté droit, un lion debout à gauche, la queue terminée en fleur de lys; tenant entre les pattes de devant une branche à trois fleurs : GABRIEL JOSIKA ; l'écusson de gauche s'élève du champ, dans un cercle formé de perles, une racine de raifort à trois feuilles : ANNA TORMA · 1681. Au bord le chiffre V, n° d'ordre du gobelet. L'estampille au fond paraît être un

58. Deux coupes-calices en argent doré. Forme et travail pareils au n° précédent, accusant le dix-septième siècle. Autour du bord un beau feuillage ciselé, au milieu duquel il y a des têtes d'hommes et des animaux dans une des coupes. Les parties bombées ainsi que le bouton sont ornés de têtes d'hommes et d'agréments en bas-relief; le bouton est relié à la partie supérieure par trois spirales distinctes. L'ornement du pied est très-joli et en parfaite harmonie avec l'ensemble.

Comme la coupe *a* porte pour estampille M H gratté, et *b* porte l'estampille [illegible], on ne peut, malgré la similitude de ces deux pièces, les prendre pour doubles; il est probable que l'on a fait erreur en choisissant la paire.

59. Timbale en cuivre, dorée en partie. L'écusson d'armes entouré d'une couronne de fleurs, porte une pomme-grenade avec une étoile et une croix en dessus, et les lettres F G P. De l'autre côté de la timbale on lit ce distique :

Hungara de ferro cuprum me reddidit unda
Ne sit consimilis sors tua, nasc,cave!

Au fond se trouvent ces mots en forme d'estampille :

NIC
JANKO
WICH
1800

rappelant son ancien propriétaire, dont la collection a passé toute entière au Musée national.

Nota. De nombreuses timbales de ce genre sont fabriquées à *Herrengrund*, en Hongrie, où les vases de fer sont ainsi transformés par l'eau imprégnée de cuivre.

POIVRIERS

60. Poivrier en argent doré. La partie supérieure, dentelée, présente trois cavités; le bouton est composé de six spirales; le pied est travaillé à jour. Les estampilles sont :

61. Poivrier en argent doré. Le plateau supérieur à dentelure présente six cavités ornées d'un feuillage entaillé. La poignée est formée d'un cavalier. Le bouton est d'argent travaillé à jour. Le pied présente un feuillage entaillé et travaillé en bosse. L'estampille :

La pièce est d'un travail grossier.

CUILLÈRES

62. Cuillère en argent. Le cuilleron est ancien, en forme de rame; le manche, tordu, porte au bout une figure dorée représentant un homme armé d'un bouclier. Dans la partie creuse on lit : A. 1441. H. S.; puis un écusson d'armes porte un oiseau et une fleur; à l'extérieur est gravé : A S / P · E·

* On se trompe en voulant rapporter cette pièce à Jean de Huniade, non-seulement parce que les armes ne sont pas celles de la famille de *Huniade*, l'anneau que l'oiseau tient dans le bec ayant été taillé postérieurement et d'une manière assez maladroite, mais aussi parce que les chiffres et les lettres ne sont pas du milieu du quinzième siècle.

63. Cuillère en argent. Le manche est hexagone, portant à son bout supérieur une tête d'homme estampée, et à l'autre bout l'apôtre saint Mathieu avec la cognée et le livre. A la partie convexe du cuilleron se trouvent les lettres H : G : P : S : et les estampilles

64. Cuillère en argent, avec pied de chèvre doré.

65. Une cuillère pareille avec manche pentagone creux, argentée en partie, à ciselure de feuillage. Au bout du manche un écusson porte

le monogramme 

66. Cuillère d'argent à manche cannelé, et à feuillage ciselé. Le bout du manche porte le millésime 1696.

67. Cuillère d'argent à cuilleron orné de feuillage ciselé. Au bout du manche, à la face intérieure, on voit l'apôtre saint Paul; à la face extérieure, une tête d'homme estampée. A l'extrémité du manche hexagone il y a un joli bouton articulé. Au-dessus d'un écusson on voit les lettres I R et P P; dans l'écusson le chiffre 12 buriné.

68. Le même avec du feuillage doré et niellé en partie. On prétend que cette pièce a appartenu à la famille princière des *Barcsay*.

69. Cuillère en argent, dorée sur sa face intérieure. La face extérieure et le manche sont ornés de feuillage niellé; au milieu d'un écusson les lettres J S tordues ensemble. L'estampille est

COUVERTS

70. Porte-couvert en argent, avec figures de musiciens estampés; les manches de la fourchette et du couteau sont travaillés à jour.

71. Couvert de voyage. Les manches portent des scènes de chasse incrustées d'or et d'argent. La cuillère est estampillée de

72. Couteau à très-joli manche incrusté de morceaux d'or et d'ambre, estampillé de la pomme de pin d'Augsbourg, ; contenu dans un *étui* d'argent doré et émaillé.

Le couteau et l'étui ne vont pas ensemble. On croit que l'ouvrage d'émail du dernier est d'origine hongroise.

73. Étui de couvert doré, incrusté de turquoises, de grenats et de perles. Les manches du couvert sont ornés d'argent en filigrane et d'émail. Œuvre hongroise.

* 74. Couteau à manche octogone, orné d'un joli feuillage d'or sur fond émaillé bleu, blanc et noir. Au bout on voit dans un écusson octogone symétrique, un lion noir debout armé d'une lance. Sur les côtés on lit alternativement cette inscription :

STEPHANVS • BATHORI • COMES • PALATINUS • 1551

La lance porte cette estampille incrustée d'or accusant peut-être une origine orientale. Le fourreau en cuir, simulant la peau verte d'un serpent, porte à sa partie supérieure un petit écusson du même travail.

COUVERTURES DE LIVRES D'HEURES

75. Couverture de livre d'heures en argent doré, à feuillage en filigrane de fil d'argent, à niellure et ornement émaillé en dessus, incrustée d'almadines et de jacinthes avec deux images en ovale ciselées en jaspe vert, dont l'une représente le Christ passé par les verges et l'autre sa résurrection. Réputé œuvre hongroise.

76. Couverture de livre d'heures en argent, avec des aigles à double tête sur les deux côtés, ornée de 116 turquoises, 122 grenats et 24 améthystes.

77. Couverture de livre d'heures en argent. Les bords sont niellés, le champ du milieu et la face de derrière sont ornés en fil d'argent. Il y a aussi des ornements dorés et des almadines.

POIVRIERS

78. Cassette octogone en argent, partagée en quatre compartiments, garnie de 4 dés à jouer en filigrane d'or, à points en argent. Sur les côtés de l'écrin on voit alternativement des oiseaux et des fruits. Le dessus du couvercle porte un médaillon à cadre dentelé entourant un crucifix dont le dos fait voir la marque $\overset{\text{I}}{9}$. Les estampilles, à peine visibles, montrent les lettres G S ou Z S. Ouvrage du seizième siècle. Sur la partie inférieure du couvercle on voit les armes de l'empereur *Albert*, à droite les quatre bandes de Hongrie, à gauche le ruban d'Autriche, et un ange, en chef, au-dessus des deux écussons.

Nota. Il paraît que l'écusson d'armes a été ciselé plus tard et très-adroitement sur cet écrin, et que l'écrin lui-même, probablement poivrier dans l'origine, ou bien destiné au service de l'église, a été postérieurement transformé en porte-dés.

79. Poivrier en argent doré. Sur les différentes faces on voit des figures en relief placées dans des niches à colonnes. Sa poignée est formée d'un gland de chêne, et les pieds de lions. L'estampille du fond montre les lettres **NI**

JOYAUX EN OR

80. Joyau en or que des agrafes avaient attaché quelque part. Très-bel ouvrage émaillé. On voit une figure de femme jouant à la lyre, assise sur une chaise garnie de diamants, à facettes, ayant à son côté un cerf. Des rubis brillent aux genoux de la femme et à la base de la chaise. Au bas on lit ces lettres burinées : DA S · GE HORE · « L'ouïe. ». Le revers porte la lettre I gravée.

81. Boite en forme d'éventail à feuillage, en argent doré, estampé en relief et ciselé.

MONTRE

* 82. Œuf de Nuremberg (montre ancienne), renfermé dans une cuvette octogone travaillée à jour. Cette montre était à sonnerie et à répétition. Sur le couvercle on voit deux figures de femmes tenant à la main les armes de la famille de *Bathori*, entourées de la Toison d'or. Attribué à *Sigismond Báthori*.

DIADÈME

83. Diadème en or pour femme, en trois parties, tout en filigrane de fil d'or figurant du feuillage et des fleurs, orné de 40 perles. Œuvre hongroise.

PORTE-AIGRETTES

84. Porte-aigrette en argent doré. D'une griffe d'aigle s'élève un ornement en forme de cœur, et de celui-ci, trois feuilles de fougère et trois rayons flammiformes. Sur l'ensemble sont répandues des émeraudes, des turquoises, des dalmandines et des perles. A en juger par l'émail, cette pièce est une œuvre hongroise.

85. Porte-aigrette. Autour de la tige du milieu, surmontée d'un serpent couronné tenant à la gueule deux cœurs enflammés, tournent deux cœurs en émail, et de chacun s'élèvent cinq serpents couronnés, émaillés en vert.

Trouvé dans la crypte à *Albe-Jule* (Karlsbourg, Transylvanie). Œuvre hongroise.

86. Porte-aigrette émaillé, avec de petits boutons en filigrane, richement orné de rubis et de perles.

87. PORTE-AIGRETTE en or. D'un ornement en forme de croissant s'élève une étoile à huit rayons; le panache et la plume qui surmontent l'étoile sont ornés de nombreux rubis.

88. Cette pièce n'est pas exposée.

ÉPINGLES A CHEVEUX

89. Une paire d'AIGUILLES DE TÊTE en filigrane, ornées de grenats et de perles.

90. IDEM, à tulipes émaillées ornées de perles et de rubis.

91. IDEM émaillées, ornées de turquoises et de perles.

92. IDEM en argent doré, ornées de perles et d'une boule en émeraude.

93. IDEM en bronze, ornées de petites perles et d'une boule en émail.

94. IDEM en argent. La boule est formée d'un double cône orné de perles en métal.

95. AIGUILLE TREMBLANTE en or, composée d'une grosse rose; au-dessous, trois roses plus petites ornées de rubis et d'émail.

PENDANTS D'OREILLE

96. PENDANTS D'OREILLE à joli feuillage en filigrane, à crochet oblong et pointu. Les pendants cunéiformes sont ornés de petits grains suspendus tout autour. C'est probablement une œuvre hongroise.

97. Une paire de PENDANTS D'OREILLE, chaque pièce ornée d'une émeraude et de cinq perles fines.

CHAINES D'ORNEMENT

98. Croix de prélat, avec chaîne composée de six chaînons d'un travail très-beau. La croix était destinée à recevoir des reliques. Elle est garnie de 2 diamants, de 3 émeraudes et de 5 rubis. Les chaînons, qui varient de forme alternativement, ainsi que les parties de la croix, présentent un émail magnifique. Sur les chaînons on distingue l'estampille W. Trouvé dans la chapelle de l'archevêque *Bakács* à Esztergom.

99. Chaine-collier à feuillage d'or en filigrane composé de huit boules garnies au centre d'un anneau émaillé en noir à points blancs. Trouvé à *Losoncz* (comté de Nograd).

* 100. Collier-chaine, composé de 6 gros chaînons et de 30 plus petits, pareils, du même travail que les précédents, attachés ensemble au moyen de petits anneaux d'or, et ornés de 556 perles fines. Les chaînons sont d'un émail très-beau; les gros sont ornés aux quatre côtés de petites fleurs garnies de grosses perles; les petites portent tout autour trois rangs de perles. C'est une œuvre de Nuremberg du seizième siècle. On croit que cette chaîne a appartenu à la reine *Isabelle*, femme de *Jean Zápolya*.

101. Collier-chaine en or, composé de 91 chaînons formés par de petits anneaux triples. Œuvre vénitienne.

102. Collier-chaine vénitien composé de 50 chaînons en ovale, travaillés à jour.

103. Collier-chaine, composé de 59 chaînons alternativement ovales et carrés, émaillés en noir et en blanc.

104 Collier-chaine composé de petites fleurs à quatre pétales renfermées dans un cadre ovale, combinées avec des chaînons plus petits, cannelés longitudinalement.

105. Collier-chaine composé de 37 roses à six pétales alternant

avec 38 roses plus petites, réunies ensemble par de petits chaînons.

* 106. CHAINE composée de 12 chaînons carrés, émaillés en bleu et blanc, avec 6 pendants gros et 5 plus petits émaillés en blanc, ornés de rubis. Autrefois propriété de la femme de *Sigismond Báthori*, prince de Transylvanie.

107. COLLIER en or, émaillé en noir, composé de 10 plaques rondes portant à leur centre des feuilles disposées en croix, et de 10 pendants en forme de fleur suspendus à des cocardes.

* 108. CHAINE en or, ornée d'émail multicolore et de perles, composée de 12 chaînons doubles rattachés par de petits anneaux d'or. Les chaînons sont cunéiformes aux bouts alternativement à facettes et en ovale. Le milieu est entouré d'un rang de perles. Une étoile montée en émeraudes à breloques garnies de perles pend au milieu. Le travail est le même que celui des n°s 100 et 98, du seizième siècle. Réputé avoir appartenu à *Catherine de Brandebourg*.

Le pendant n'appartient pas à la chaîne; la pièce a été primitivement un *rosaire de chevalier*, et peut avoir servi plus tard comme collier.

109. JOYAU DE FEMME composé de 14 chaînons plus gros et de 12 plus petits, en feuillage en filigrane. La partie supérieure des pendants formant une rosette de rubans et ornée de grappes, tient suspendu un ornement en trilobe dont dépend un ovale orné de trois fleurs avec une grappe entre chaque fleur. Œuvre hongroise, à ce qu'il paraît.

110. COLLIER à quatre feuilles, émaillé en noir, orné de rubis, composé de 13 chaînons et d'un pendant cunéiforme.

111. JOYAU en or, orné de feuilles en émail blanc, agrafe de rubis au milieu, et les jointures en petites fleurs blanches.

112. COLLIER composé de sept chaînons plus gros, et de quatre plus petits, carrés, en émail; chaque chaînon est monté au milieu d'une émeraude.

113. JOYAU formant une chaîne composée de treize anneaux oblongs émaillés, ornés de 3 rubis et d'anneaux doubles unis.

114. JOYAU en or, composé de 14 chaînons carrés d'un joli émail; au milieu de chaque chaînon est monté un rubis.

115. Cette pièce n'est pas exposée.

116. COLLIER en or, monté dans toute sa longueur sur une passementerie tressée en fil fin, orné de diamants; sur le gros pendant on voit un aigle niellé, en émail noir orné de diamants, surmonté d'un ornement en forme de couronne royale garni de perles pendantes.

BROCHES

117. BROCHE en forme d'étoiles en ruban à douze rayons. La grosse cocarde est bordée d'émail blanc, et contient sur trois rangs 128 rubis; La cocarde du milieu est en émail bleu clair, et la rose du centre est formée par un gros rubis entouré de 10 autres plus petits.

118. BROCHE pareille, en or. Sur un ruban noir à six rayons, dentelé d'émail bleuâtre, quatre rubis sont montés sur chaque rayon. Au milieu il y a des fleurs d'un émail multicolore incrusté de rubis.

119. Une autre BROCHE pareille formée par des rubans noirs émaillés d'or avec un diamant monté sur chacun. Le cœur de la fleur à six pétales placée au centre, ornée de six diamants, est formé par un diamant plus gros. Entre les nœuds sont coulés des rubans émaillés, plus minces.

120. BROCHE de femme en or, représentant une cocarde à quatre branches, deux bouts traînants et une rose au milieu. Émail noir bordé de blanc. 47 rubis pour ornement.

121. BROCHE de femme formée par une rose au milieu et neuf cocardes rubannées, en émail, avec 31 rubis.

122. JOYAU en or, émaillé, avec un objet de suspension. Au milieu un pélican nourrissant ses petits; le ruban qui forme le cadre est monté de rubis et de perles.

123. BROCHE suspendue à une cocarde à perles d'émail blanc, et or-

née de rubis avec croix en dalmandine portant les emblêmes de la Passion.

124. Joyau en or d'un joli émail, avec une émeraude au milieu entourée de plusieurs rubis et émeraudes plus petites.

125. Plaque de poitrine en or, composée de quatre rubans tressés autour d'une rose formée par des rubis de différentes grandeurs. Le nombre total des rubis est 201; la partie postérieure est en émail blanc à feuillage noir.

126. Broches a rubans à dentelure émaillée, les bouts également en émail; la dentelure est ornée de rubis, et les bouts de perles.

127. Cette pièce n'est pas exposée.

128. Broche en or. A un trèfle orné de perles et de diamants est suspendue une croix incrustée de diamants, avec trois perles pendantes. A la partie postérieure il y a un crucifix en émail.

129. Broche formant une ancre surmontée d'une croix d'émeraudes et de diamants.

130. Agrafe de pelisse en argent doré, d'un très-beau travail en filigrane. Le gros bouton d'ambre placé au milieu des demi-boutons est couronné d'une fleur composée de quatre perles et de quatre émeraudes, et entouré en première ligne de cinq boutons plus petits formés de perles et de dalmandines. La partie extérieure est bordée chaque fois de quatre boutons d'ambre placés alternativement sur deux rangs, au sommet desquels est montée une fleur à feuilles émaillées en noir avec une perle au milieu. Au centre de la pièce du milieu, placée entre les deux demi-sphères est sertie une grosse émeraude, ornée de perles et de dalmandines, et des deux côtés s'élèvent une gousse cornue, deux boutons d'ambre garnis d'un ornement pareil.

CEINTURES

131. Ceinture de femme formée par des chaînons d'argent alternant par trois et par cinq rangs, distancés par des plaques ovales plus

larges et plus petites dorées et émaillées; l'agrafe consiste en deux plaques en filigrane en forme de cœur, dont le milieu est orné de dalmandines et de jacinthes. Œuvre hongroise.

132. Ceinture de femme en argent doré, dont le feuillage en filigrane, sur fond doré, et les trois plaques incrustées de dalmandines, sont réunis par une chaîne à quatre rangs; chaque chaînon représente une fleur à quatre feuilles, avec un bouton losangé au milieu, et les chaînons sont joints ensemble par des anneaux entaillés. Œuvre hongroise.

133. Baudrier de pelisse composé de trois plaques en filigrane d'argent à fleurs émaillées, rattaché au moyen d'une chaîne tressée en anneaux d'argent. Œuvre hongroise.

134. Fragment d'un joyau en or émaillé. Sur un arceau orné de rubis est assis un enfant soufflant des bulles de savon.

135. Joyau en or bordé de pétales de fleurs, garni de diamants et de trois pendants aussi en diamants.

136. Broche émaillée, en or, ornée de rubis et d'une perle comme pendant. Entre deux colonnes garnies de rubis surmontés de perles est assise la sainte Vierge avec cette inscription : PATR · HVNGARIE. Au-dessous on voit une tête d'ange ailée, en émail.

137. Joyau à suspension en or, d'un joli émail. A côté de la lettre A en diamants, on voit deux figures; l'ornement est en saphirs, en rubis et en perles.

138. Broche émaillée en forme de trèfle à feuillage. Sur un plan garni de rubis repose un cerf blanc orné de rubis et de deux diamants.

139. Agrafe de poitrine, richement ornée de perles en émail et de rubis.

140. Joyau pareil représentant la figure du chevalier Saint-Georges, en émail.

141. Broche représentant un dragon, d'un émail très-beau, suspendue à trois chaînes, garni de trois perles. Ce joyau fut pris pendant longtemps pour les insignes de l'ancien ordre du Dragon.

142. Joyau en or émaillé en noir, orné de sept diamants et de trois perles pendantes. Même travail et même forme que ceux du n° 46.

* 143. BROCHE en or, à feuillage émaillé, garnie de 13 opales et de 5 rubis. Attribué à la reine *Isabelle Zápolya*.

* 144. JOYAU en or émaillé, orné de 7 diamants et de 26 rubis avec pendants garnis de perles. Sur un plan en rubis, bordé de deux gros diamants, on voit une femme en robe bleue, chevauchant sur un cheval blanc en email, tenant à la main une branche d'olivier. Cette pièce ressemble, en quelque sorte, à celle du nº 136. Elle avait appartenu à la famille *Illésházy*.

* 145. BROCHE en or et émail blanc à 8 feuilles, composée de carreaux rangés en cercle, ornée de 53 diamants, sertis sur des croissants et des feuilles, et sur des grappes pendantes. Autrefois la propriété de la famille de Bornemissza.

* 146. JOYAU en or, de même forme, émaillé bleu et blanc. 107 diamants rangés en lignes, formées par des carreaux et des demi-cercles, figurent une rose à six feuilles, avec cinq pendants qui en descendent. Propriété des familles *Báthori et Bethlen*, au seizième siècle.

* 147. JOYAU en or, orné de feuillage émaillé, de têtes de dragon et de serpents, sur lequel brillent dans des cadres en émail noir feuillagés d'or, 90 diamants, 3 rubis et 2 émeraudes. Le revers n'est pas moins brillant que le devant; il porte au milieu, dans un cadre ovale, un double écusson d'armes. A droite s'élève d'une couronne à cinq branches un cygne blanc regardant à droite, les ailes et le bec en or, surmonté des lettres I. G ; à gauche se dresse, au milieu d'une couronne de gueules à cinq branches, un unicorne cabré à gauche, la gorge percée d'une flèche. Au-dessus les lettres P. F. Autrefois propriété de la famille *Teleki*. Réputé œuvre italienne du seizième siècle.

148. JOYAU en or joliment émaillé. Une sirène aux cheveux d'or, assise sur un monstre marin, tenant à la main droite une fleur. Le corps du monstre est orné de sept diamants; au-dessous, entre des têtes de dragons, un rubis, une topaze et une perle pendante. Œuvre italienne du seizième siècle.

149. Cette pièce n'est pas exposée.

150. ROSE en or, émaillée, ornée de 13 rubis.

BOUCLES DE CORSAGE

151. Boucle de corsage en argent doré, à feuillage et à jour, dans un cadre à grains surmonté d'une couronne, avec 6 agrafes. Œuvre hongroise.

152. *Idem*. Une plaque dorée forme la base de cette œuvre en filigrane d'argent très-fin, à fleurs émaillées admirablement appliquées. Œuvre hongroise.

CEINTURES

153. Ceinture d'homme en argent doré, avec 13 articulations en forme de boutons et 12 d'une forme oblongue, ayant des deux côtés des arcs feuillagés aboutissant à des boucles formant des têtes de lion d'un beau travail, et terminés par une chaîne cannelée. La pièce reste ornée de 168 perles, 67 turquoises et 104 grenats. Œuvre hongroise.

154. Ceinture de femme composée d'une boucle formée de quatre plaques trapéziformes, en argent doré, et de quatre feuilles en forme de cœur; les plaques sont ornées de feuillage et de fleurs émaillées, et composent une chaîne double en anneaux cannelés joignant ensemble des carreaux oblongs. Œuvre hongroise.

155. Ceinture de femme en argent à feuillage, partie dorée et partie niellée, montée sur une lanière verte, composée de 29 plaquettes plus grandes et du même nombre de plus petites, terminées par une agrafe en forme d'écusson. — Pièce faisant partie du costume saxon (Transylvanie) trouvé à Brasso (Kronstadt). Œuvre indigène.

BOUCLES DE CEINTURE

156. Boucle de ceinture en argent doré, composée de deux feuilles en forme de cœur, sur lesquelles sont appliqués des ornements de feuilles et de fleurs en émail de couleur vive. Au milieu est placée une fleur à feuilles émaillées, ornée d'un cristal de roche. Œuvre hongroise.

157. Boucle de ceinture en argent doré, d'un très-bel émail bleu et jaune, ornée de feuilles et de fleurs en filigrane d'argent. Œuvre hongroise.

158. *Idem*. Sur une plaque en argent doré sont montées, dans des cadres en grains, des feuilles émaillées de différentes couleurs, puis des tulipes et autres fleurs.

BRACELET

159. Bracelet composé de six articulations qui portent dans leur centre, travaillé à jour, trois gros rubis. Ces pièces sont réunies par des joints ; chacune est composée de trois rubis plus petits placés en ligne droite.

BAGUES

160. Bague en or, émaillée en noir, montée en diamants.

161. *Idem*. A feuillage émaillé, montée en cristal de roche.

162. *Idem*. Émaillée en noir, sertie également d'un cristal de roche.

163. *Idem*. En émail, avec une aigue-marine au milieu, montée entre quatre griffes. Autrefois propriété de la famille Bethlen.

164. Bague en bronze, émaillée. Sous le cristal de roche, à huit facettes, on lit le nom :

GEORG SANDOR

placé entre les replis d'un serpent; à côté de celui-ci on voit une tête de mort. Réputée œuvre hongroise.

165. Bague en or. Une rose à douze pétales contient treize turquoises. Ancienne propriété de la famille Illésházy. Œuvre hongroise.

166. Bague en or, montée en diamants en forme de croix, à émail noir. Réputée ancienne propriété de l'abbesse *Bánfy*.

167. Bague en or, émaillée, montée d'un saphir en forme de cœur. Attribuée à la même famille.

168. Alliance en or, émaillée, montée en diamants et en rubis, avec l'inscription estampée :

WAS GOTT ZV
SAMEN FVGET

SOLL DER MENSCH
NICHT SCHEYDEN

169. Bague en or, émaillée, avec un diamant entouré de six rubis.

170. *Idem.* Six diamants entourant un rubis triangulaire.

171. *Idem.* Avec une améthyste.

172. *Idem.* Avec un diamant au milieu.

173. *Idem.* Niellée, avec sept rubis en forme de croix.

174. *Idem.* Émaillée, à trois diamants.

175. *Idem.* Niellée, ornée de têtes de mort et d'une petite rose derrière, avec un saphir.

176. *Idem.* Émaillée, ornée de dix-neuf grenats en losange. Œuvre hongroise.

177. *Idem.* Ciselée en feuillage d'un très-beau travail et émaillée, avec un rubis.

178. *Idem.* Niellée avec quatre pierres en table disposées en carreau. A l'intérieur, les lettres S. S. sont grattées sur le métal.

179. *Idem.* Niellée, avec sept diamants disposés en losange.

180. *Idem.* Niellée, à cristal de roche avec une croix à branches égales pour servir de paillon.

181. *Idem.* Émaillée, avec un grenat au milieu.

b) Objets appartenant à des particuliers

182. OUTIL en opale de cire. Trouvé par M. Édouard Bubics, ingénieur, parmi les cailloux sur la rive du Danube, près Gœnyœ (comté de Raab), (1).

183. 184. 185. 186. CISEAUX OU HACHETTES en pierre, trouvés à *Kéménd* (comté de Hont) (2).

187. *Idem.* Trouvés à *Regœl* (comté de Tolna).

188. *Idem.* Trouvés à *Kis-Oroszi* (comté de Nograd). Ces objets, depuis 1830, sont la propriété de M. Florian Romer.

(1) Jusqu'à présent on n'a trouvé en Hongrie que très-peu d'outils en silex, non parce qu'il n'y en aurait pas, mais parce qu'on a prêté peu d'attention à ces objets d'une valeur intrinsèque comparativement insignifiante; mais depuis qu'on les a signalés au peuple, on en a recueilli plusieurs.

(2) Les ciseaux, hachettes, marteaux de l'âge de pierre, la plupart en serpentine, sont assez répandus en Hongrie, mais jusqu'à présent on n'en a guère trouvé avec leurs manches. Les outils plats sans douille sont désignés par les gens du peuple, conformément au juron populaire, par le nom de *carreau de foudre plat*, et les hachettes à douille par celui de *carreau de foudre à chaîne*, ou *flèche de Dieu*. D'ailleurs, en Hongrie comme ailleurs où l'on trouve de ces objets, les vieilles et les sages-femmes du village s'en servent comme d'un moyen de guérison contre les maux de poitrine, le croup et le lait de vache taché de sang; la croyance veut que ces objets ne reparaissent qu'une fois dans sept ans. Chauffées d'abord dans le feu, ces pierres sont jetées dans l'eau, et on enfume le malade avec la vapeur produite par cette opération, etc.

189. MARTEAU EN PIERRE, trouvé dans le comté de *Saros*, propriété de M. Benczur.

190. BOULE en pierre calcaire, avec un commencement de forage des deux côtés, trouvée dans les vignobles de *Pecs* (comté de Baranya). Propriété de M. Antoine Horváth.

191. POIDS en argile, trouvé à *Szilágy-Somlyo*. Appartenant à M. Romer.

192. 193. POIDS plus petits en argile, des environs de *Pécs*. Appartenant à M. Horváth.

194. *Idem.* conique, trouvé à *Ercsin* (comté de Fehér). Appartenant à M. Romer.

195. *Idem*, des environs de *Pécs*. Appartient à M. Horváth.

196. MOULE en terre glaise (peut-être moule à pendant d'oreille), du même endroit.

197. 198. 199. 200. BRACELETS et ROULEAUX en fil de bronze.

201. ÉCAILLES en bronze, percées de deux trous, ayant probablement fait partie d'une ceinture de cuir ou d'une cuirasse.

On trouve souvent ces objets dans différentes parties du pays, en quantités considérables que l'on pourrait mesurer par boisseaux.

202. PETITS CLOUS EN BRONZE, munis de deux petits trous à la tête.

203. PERLES EN VERRE et EN AMBRE.

204. VASE D'ARGILE avec une anse; la partie bombée avec des rainures.

205. VASE en argile plus petit, à deux anses; le renflement effilé est bosselé, et les intervalles entre les bosses sont marqués de cannelures.

Tous ces objets, depuis le n° 197, ont été trouvés à *Hosszumezœ* (comté de Marmaros), dans une urne de dimension plus qu'ordinaire. Propriété de l'Académie des sciences hongroise.

206. ROULEAU plat formé en fil de bronze carrelé. Ce rouleau se distingue des autres de ce genre, trouvés jusqu'à présent en Hongrie, et qui sont munis au milieu d'un bouchon mobile, par une courbure ovale, placée verticalement, ayant à son extrémité un autre rouleau plus

petit. La patine est d'un joli vert clair. Propriété de M. Jean Mihályi; trouvé dans le comté de Marmaros.

On n'a trouvé en Hongrie qu'une seule pièce pareille à celle-ci, et dont M. François *Plank*, à Eger, est possesseur. Les rouleaux à bouchon mobile ne sont pas rares; on les rencontre dans presque toutes les collections.

207. Ciseau en bronze, mince, trouvé dans le comté de *Marmaros*. Propriété de M. Jean Mihályi.

208. 209. Lames en bronze à trois et à deux tranchants, en fonte grossière, avec les coutures de fonte. Trouvée censément à *Dunafœldvár* (comté de Tolna), dans une couche d'argile, dans une position verticale, ce qui prouverait qu'elles ont été fondues sur les lieux.

*210. 211. Deux martelets d'armes (dits fokos) inachevés, marqués des coutures de fonte, comme preuve qu'ils ont été trouvés dans le pays.

Ces deux pièces, très-intéressantes, ainsi que les nº 197 à 205, ont été trouvées ensemble; elles appartiennent à l'Académie des sciences hongroise. Il sera utile de remarquer que cette arme, peu connue ailleurs, est encore en usage en Hongrie, chez les gardes-champêtres, les soldats de police des comtés et chez les gens de la campagne en général.

212. 213. Martelets d'armes ou fokos, trouvés dans le comté de Marmaros. Appartenant à M. Romer.

214. Hachette d'armes, dite Csákány, avec une platine très-belle et d'une jolie forme, trouvée dans le comté de Szatmár. A M. Romer.

Cette hachette d'armes est également portée par les gens du peuple, et souvent montée sur les cannes des hautes classes, en formes variées.

215. Plaque de plomb représentant Phœbus et un banquet tenu peut-être en son honneur. Trouvée à *Baracs* (comté de Fehér) dans les ruines d'un camp romain. Appartient à M. Romer.

216. Bague romaine, trouvée à *Véczel* (Transylvanie). Propriété de M. *Adam Várady*.

217. 218. 219. Plaques rondes des fibules avec émaux antiques,

trouvées à *Várhely*, en Transylvanie, appartenant à M. Adam Várady.

220. 221. Deux ANNEAUX D'OR d'un travail barbare, destinés probablement à serrer et orner les boules de touffes de cheveux. Trouvés dans le comté de *Szabolcs*. Propriété de M. le baron *Joseph Vécsey*.

222. Fragment d'une FIBULA en argent.

223. 224. BAGUES en or novangulaires.

225. FIBULA en or, étrusque.

226. ANNEAU pour le cou, en or, d'un travail barbare.

227. BRASSIÈRE, idem.

228. MÉDAILLE d'or, percée autrefois d'un trou, à présent aplati par le marteau. L'envers porte une tête regardant à droite, avec l'exergue :

HERETRUSCILLA AUG

Herennia Etruscilla Augusta; millésime....

le revers représente la figure allégorique de la Pudeur, avec l'exergue :

PUDICITIA AUG (ustæ)

229. PEIGNE EN IVOIRE, composé de plusieurs plaquettes fixées par des points d'argent.

230. Fragments de CISEAUX en bronze.

231. Fragments de deux BOUCLES d'argent.

232. 233. Fragments d'une TASSE de verre poli.

234. Fragment d'un ORNEMENT de chaussure; sur une plaque mince en argent sont estampées les figures de Cynocéphale, d'Abraxas, etc.

235. CLOUS D'ARGENT.

236. 237. 238. DÉBRIS D'ORNEMENTS EN ARGENT ayant fait partie d'un seau en bois tombé en pourriture.

239. BOISSEAU en bois de sapin rouge, avec son anse et ses cercles en argent, conservé presque intact.

Tous ces objets, à partir du n° 222, appartiennent à M. Joseph de Baho et ont été trouvés à *Osztropalak* (comté de Sáros) près de l'endroit où M. Antoine de Péchy avait fait en 1790 cette trouvaille d'objets d'or et d'argent évaluée à 2000 florins, qui est aujourd'hui un des principaux ornements du musée impérial et royal de Vienne, décrite par M. Arneth dans son livre intitulé : *Die antiken Gold-und Silbermonumente.*

Vient maintenant une collection de 189 aquarelles formant huit albums, lesquelles représentent les monuments et les antiquités historiques d'une partie de la Hongrie septentrionale. Cette collection d'aquarelles, quoique n'étant pas d'un intérêt général, peut cependant prouver, à l'étranger, l'existence trop peu connue de monuments gothiques et d'antiquités intéressantes qui se trouvent en Hongrie, et fournir des matériaux, soit pour l'étude des monuments historiques, soit pour les recherches relatives aux arts dans les époques antérieures à la nôtre. Cette collection est destinée à un institut hongrois, et envoyée pour l'Exposition par M. François de Kubinyi, membre de plusieurs sociétés scientifiques, et président de la société géologique pour la Hongrie, qui a fait faire à ses frais tous ces dessins.

Voici les titres des dessins contenus dans les huit albums :

Ier ALBUM. — *Les monuments et antiquités de* KASSA (*Kaschan*), *ville franche-royale de la Hongrie.*

1. La ville de *Kassa* en 1617.
2. Plan de l'église cathédrale.
3. Église cathédrale, côté de l'ouest.
4. — côté du nord-ouest.
5. — côté du sud et la chapelle de Saint-Michel.
6. Autel latéral.
7. Un autre autel latéral.
8. Fonts baptismaux de la même église.
9. Porte du clocher nord.
10. Frontispice de la chapelle de Saint-Michel.
11. Ancienne église des Jésuites, à présent l'église de l'Académie, à Kassa.
12. Église du couvent des Dominicains.

IIe. — *Monuments et antiquités d'architecture de* LŐCSE (*Leutschan*), *ville franche-royale.*

1. Écusson de la ville, de 1527.
2. Plan de l'église de Saint-Jacques.

3. Vue de la même église, côté du nord-est.
4. — côté de l'est.
5. — côté du sud.
6. Maître-autel de la même église.
7. Autel latéral.
8. Ancien orgue.
9. Tombe de Stanislas Thurzo, palatin de Hongrie.
10. Tombe de Christophe Thurzo.
11. Tombe de Jean Thurzo.
12. Tombe de l'évêque Alexis Thurzo.
13. Stalles gothiques de l'église de Saint-Jacques.
14. Détails des stalles de la même église.
15. Siége à trois personnes.
16. Détails du même siége.
17. Siége de Rakoczy dans la même église.
18. Piédestal des colonnes de la galerie.
19. Niche du Saint-Sacrement.
20. Cruche à l'eau de la même église.
21. Le saint ciboire.
22. Anneau de fer de la porte de la sacristie.
23. Porte d'entrée sud, vue intérieure.
24. Milieu de la tribune d'orgues de l'église de Saint-Jacques.
25. Fonts baptismaux.
26. Église du couvent des Jésuites, côté du sud.
27. — — — côté de l'ouest.
28. — — — côté du nord.
29. Hôtel de ville, côté du sud.
30. — côté du sud-ouest.
31. Vue de l'hôtel de ville et de l'église évangélique.
32. Porte d'entrée de la salle du conseil municipal.
33. Ancien lustre de la même salle.
34. Épées et hallebardes dans l'archive de Lőcse.
35. Clefs et serrure anciennes, dans le même archive.
36. Vue de la grande place, côté du nord.
37. Maison du seizième siècle, à la grande place.
38. Monogrammes de Lőcse.

IIIe. — *Antiquités d'Eperjes, ville franche-royale dans le comté de Sáros.*

1. Écussons d'Eperjes, l'ancien et le nouveau.
2. Vue de la ville d'Éperjes, en 1768.

3. Vue de l'hôtel de ville d'Éperjes, en 1768, et le glaive de Caraffa.
4. Porte inférieure d'Éperjes, en 1768.
5. Plan de l'église catholique paroissiale.
6. Vue de la même église, côté du sud-est.
7. — — côté du nord-sud.
8. — — côté du nord-ouest.
9. Porte latérale de l'église d'Éperjes.
10. Porte principale de l'église, vers le couchant.
11. Stalles de la même église, vue générale.
12. 13. 14. 15. 16. Détails des mêmes stalles.
17. Treillis de fer dans l'église, dans le goût de la Renaissance du dix-septième siècle.
18. Peinture sur verre de 1628, de l'hôtel de ville.
19. Vue de l'église et du collége de la confession d'Augsbourg, côté du sud.
20. Collége d'Éperjes, côté du nord-est.
21. Monastère de Cordeliers du côté du levant.
22. Maisons sur la grande place, au dix-septième siècle.
23. Vue du château de Frits, côté du sud.
24. — — côté de l'est.
25. Détail des moulures du même château.

IVe. — *Antiquités de la ville de* Csetnek, *dans le comté de Goemoex.*

1. Plan de l'église de la Confession d'Augsbourg.
2. Vue de la même église, côté du sud-est.
3. — — côté du nord.
4. — — côté du nord-ouest.
5. Monument sépulcral d'Étienne Csetneki.
6. Stalles de la même église.
7. Fonts baptismaux.
8. Détails de fenêtres et de consoles.
9. Plan de l'église de la Confession d'Augsbourg à *Getzelfalva.*
10. Vue de la même église, côté du sud.
11. — — côté de l'est.
12. Porte septentrionale de la même église.
13. Dessin des fenêtres, de la croix, de la flèche du clocher et d'un candélabre.
14. L'ancien bassin des fonts baptismaux et une stalle de la même église.

Ve. — *Monuments et antiquités de* Bartfa *(Bartfeld), ville franche-royale dans le comté de Sáros.*

1. Sceaux et armes de Bartfa.
2. Plan de la banlieue.
3. Plan de Bartfa.
4. Bartfa en 1768.
5. Vue de Bartfa.
6. Grande place.
7. La même place, vue prise du portique de l'église.
8. Hôtel de ville, côté du sud-est.
9. — côté du nord.
10. Décoration de l'entablement de l'hôtel de ville de Bartfa.
11. Statue de Laurent dans le péristyle de l'hôtel de ville.
12. Anciens glaives, qui se trouvent dans les archives de l'hôtel de ville.
13. Église de Saint-Gilles, côté du sud.
14. — — côté de l'ouest.
15. — — côté du nord.
16. — — côté de l'est.
17. — — côté du sud-est.
18. Vue imaginée de l'église de Saint-Gilles, de l'abbaye des Cisterciens au quatorzième siècle.
19. Église de Saint-Gilles. Une partie de l'intérieur.
20. Autel latéral de l'église Saint-Gilles.
21. Tabernacle de la même église.
22. Décoration de la porte du même tabernacle.
23. Serrure de la porte principale.
24. Lustre de fer.
25. Lettres gothiques copiées des livres de la bibliothèque de la même église.
26. Lettres initiales du quinzième siècle.
27. Lettres des mêmes livres.
28. 29. Armoiries des anciennes stalles de l'église.
30. 31. Détail de ces stalles.
32. Antique armoire de la bibliothèque de l'église de Saint-Gilles.
33. Ornement d'un siége de la même église. Grandeur naturelle.
34. Décoration des siéges des magistrats dans l'église de Bartfa.
35. Calices de l'église de Saint-Gilles.
36. Les trois cloches anciennes de Bartfa.
37. Couvent des Cordeliers, côté de l'est.
38. — — — côté du nord-est.
39. — — — côté du sud-ouest.

40. Rempart de la ville, et poste d'Eperjes.
41. Petit bastion et bastion rouge (Rotherthum).
42. Grand bastion, côté de l'ouest.
43. — côté du sud.
44. Clocher avec son horloge, côté de l'est.
45. — — côté de l'ouest.
46. Remparts de la ville avec l'église catholique dans le fond.
47. L'étendard du régiment de hussards d'Éméric Tököly dans les archives de Bartfa.
48. Pilori de Bartfa.

VIe. — *Antiquités et souvenirs historiques des ruines du château de Zboró dans le comté de Sáros.*

1. Plan général des environs de Bartfa et de Zboró.
2. Plan de la plaine près de Zboró, nommée : Ad-Centum-Tilias.
3. Plan spécial de la plaine Ad-Centum-Tilias, avec les tilleuls.
4. Le plus grand tilleul du temps de Rakoczy, désigné dans le plan par le numéro 37.
5. Plan du château de Zboró.
6. Château de Zboró, côté du sud-est.
7. Vue du château de Zboró, telle qu'on peut la supposer dans le seizième siècle.
8. Image de la Sainte-Vierge du château de Zboró.
9. Image de sainte Élisabeth du même château.
10. Écuries de François Rakoczy et le puits. Dans le fond on voit l'église seigneuriale et le château.
11. Porte et écuries de Rákoczy.
12. Caveau dans l'intérieur de l'église seigneuriale.
13. Candélabre près du maître-autel de la même église, orné des armes du comte Aspremont.
14. Cloche nommée, d'après Rakoczy, dans la tour méridionale de la même église.
15. Calice de Rakoczy dans l'église paroissiale,
16. Monument commémoratif de Seredy.

VIIe. — *Monuments et antiquités d'architecture de Késmark, ville franche-royale dans le comté de Lips.*

1. Les armes de la ville de Kesmark.
2. Vue de l'église catholique, côté du sud.
3. — — côté de l'ouest.
4. Vue de la même église avec son clocher.

5. Porte latérale, côté du sud.
6. Porte de la sacristie.
7. Bassin de fonts baptismaux de la même église.
8. Candélabres en fer.
9. Stalles dans la chapelle de la Sainte-Vierge.
10. Château de Tököly, côté du sud.
11. — côté du nord.
12. — côté du nord-ouest.
13. Cour du même château.
14. Vue de la confession d'Augsbourg, côté de l'est.
15. Vue générale de Nehre.
16. L'église catholique de Nehre, côté du sud-est.
17. Candélabre et détail de stalle dans la même église.
18. Château de Nehre, côté du sud-est.
19. Le même château, côté du nord-est.
20. Idem, du côté du nord.

VIIIe. — *Antiquités de Szepesváralljá (Zysérhaus) dans le comté de Lips.*

1. Plan de la cathédrale du chapitre de Lips.
2. Vue de la même cathédrale, côté de l'ouest.
3. Idem — côté du sud-ouest.
4. Idem — côté du sud.
5. Idem — côté de l'est.
6. Idem — côté du nord-est.
7. Sépulcre d'Etienne Zápolya, palatin de Hongrie.
8. Détails de stalles.
9. Autel de la Sainte-Vierge.
10. Fresque de l'an 1317, sur le mur de la nef latérale du nord de la cathédrale.
11. Consoles en fer sur les murs latéraux du sanctuaire de la cathédrale, pour supporter les drapeaux.
12. Palais épiscopal et l'église, côté de l'ouest.
13. Vue à travers la porte du sud du palais épiscopal de Szepesváralljá.
14. Vue des ruines du château de Szepesvár, côté de l'ouest.
15. Vue du même château, côté du sud.
16. Idem. — côté du nord.

Imp. de l'Illustration A. Marc. 22 rue de Verneuil

EXPOSANTS

GROUPE I

Classe 1

PEINTURES A L'HUILE

1. (12 *). **Jules Beneczur**. Adieux de Ladislas de Hunyad à ses amis. — Peint à Munich, à l'école de M. Piloti. A vendre; prix : 2,000 fr.

2. (—). **Boutibon**. Portrait de femme vêtue d'une robe de soie bleue. — Peint à Paris.

3. (—). **Horowitz**. Portrait d'enfant. — Fait à Paris.

4. (42). **Catherine Ivanovics.** Nature morte. — Peint à Székes-Fehérvár (Albe-Royale). A vendre; prix : 750 fr.

5. (43). **Gustave Kratzmann.** La sainte Vierge entre saint Luc et sainte Cécile. A vendre; prix : 2,500 francs.

6. (44). *Le même*. Les Trois Mages. A vendre; prix : 1,000 fr.

7. (65). **Ferdinand Rákosy.** Arrestation de Ladislas de Hunyad au château de Bude.

8. (77). **Barthélemy Székely,** à Pesth. Bataille de Mohács. Au centre, l'armée hongroise, accablée par le nombre, avant de succomber, fait un effort suprême pour attaquer l'ennemi une dernière fois; sur le devant on voit des monceaux de tués. A vendre; prix : 3,000 fr.

9. (78). Tableau de genre, en trois divisions. Une mère sauvant son enfant tombé à l'eau. A vendre; prix : 1,000 fr.

10. (79). La Veuve et son enfant. A vendre; prix : 800 fr.

11 (80). **Maurice Than,** à Pesth L'Amour de la fée du Mirage. La fée est enlevée par un dieu des étoiles. Le voile de la fée se transforme en eau, ce qui produit le mirage connu en Hongrie sous le nom de *Délibáb*. A vendre; prix : 2,500 fr.

12. (83). **François Ujházy.** Nature morte.

(*) Les chiffres entre parenthèses indiquent les numéros d'ordre du Catalogue général.

Classe 2

CARTONS ET AUTRES DESSINS A LA MAIN

Emeric Henszlmann, à Pesth. Porte du midi de l'église de Bereghszász, construite en 1522.

Le Saint-Sépulcre de l'église de

Szent-Benedek, construit au XVe siècle.

Un des bas-reliefs de l'église cathédrale de la ville de Pécs, construite dans la première moitié du XIIIe siècle.

(Ces trois dessins sont exposés dans la salle de l'Histoire du Travail.

Charles Lotz, à Pesth.

Les Noces de Tündér Ilona (héroïne d'un conte de fées hongrois) et d'un fils de roi, le fils de roi dormant.

Les quatre éléments : la terre, l'air, l'eau, le feu.

Maurice Than, à Pesth.

Six figures allégoriques représentant la Danse, la Musique, l'Amour, l'Éloquence, la Poésie et l'Esprit.

(Les fresques du grand escalier de la salle de Concerts et de Bals publics de Pesth sont exécutées d'après les cartons de Lotz et de Than.)

Classe 3

SCULPTURE

Charles Alexy, à Pesth.

Buste en grandeur naturelle du comte Louis Batthyány, en marbre de Carrare.

Statue en pied, 1/3 de grandeur naturelle, du comte Louis Batthyány en bronze ciselé.

Ladislas Dunajszky, à Pesth.

Nessus et Déjanire. Modèle en plâtre. — Exposé dans le couloir du jardin central.

Nymphe. Modèle en plâtre. — Exposé dans la classe des Ameublements.

Classe 4

ARCHITECTURE

Gerster et Frey, à Pesth.

Plan d'un bazar projeté pour le nouveau quai de Pesth. Le plan général en perspective est exposé dans la salle de l'Histoire du Travail.

(Les autres plans, en coupe et en élévation, se trouvent en portefeuille.)

Henszlmann, Gerster et Frey.

Projet du plan du palais de l'Académie des sciences de Hongrie, savoir :

Plan du premier étage ;

Coupe transversale de l'édifice,

Élévation de la façade principale.

(Sept autres plans de détail, en portefeuille.)

Eméric Henszlmann. Quatre plans de l'église de Sainte-Bénigne, de Dijon, construite vers le milieu du XIe siècle, restaurée d'après la description faite par un contemporain.

Plusieurs coupes et élévations de la même église.

(Tous les dessins d'architecture hongrois sont exposés dans la salle de l'Histoire du Travail).

Classe 5

GRAVURES SUR CUIVRE ET SUR BOIS

Eugène Doby, à Pesth.

Portrait de M. Ladislas Szalay, gravé sur acier.

Petit portrait en pied.

Portrait du comte Émile Dessewfy, gravé sur cuivre.

(Ces trois gravures sont exposées dans un seul cadre devant la porte de la salle de l'Histoire du Travail, et à côté.)

Le même. La Chapelle de Saint-Michel, de Cassovie. Eau-forte.

Joseph Marastoni, à Pesth. Mort d'un pêcheur du lac de Balaton. Gravé à l'eau-forte d'après le tableau de Jules Benczur.

(Exposé dans le couloir du jardin central.)

GROUPE II

Classe 6

PRODUITS D'IMPRIMERIE ET DE LIBRAIRIE

1. (7). **Emich** (Gustave), à Pesth, imprimeur de l'Académie des sciences. — Épreuves typographiques, livres, illustrations, chromotypies. — *Médaille d'argent.*

2. (9). **Imprimerie et lithographie archiépiscopales**, à Eger. — Album Bartakovics. — *Gutenberg*, premier journal typographique publié en Hongrie.

3. (13). **Fuchs** (Ignace), à Ujvidék. — Épreuves typographiques.

4. (17). **Herz** (Jean), à Pesth. — Album Forray.

5. (25). **Lauffer** frères, éditeurs, à Pesth. — Livres.

6. (28). **Mohovich** (Émile), à Fiume (littoral hongrois). — Épreuves de lithographie, livres.

7. (31). **Pollák** frères, imprimeurs, à Pesth. — Épreuves de typographie.

Classe 7

OBJETS DE PAPETERIE, RELIURES

1. (6). **Fabrique de papier à Hermanetz**, près Beszterczc. — Papiers. — *Médaille d'argent.*

2 (7). **Fischer et Binder**, à Haultau, près de Szeben (Transylvanie). — Papiers.

3. (8). **Fuchs** (Ignace), à Ujvidék. — Reliures.

4. (27). **Posner** (Charles-Louis), à Pesth. — Livres de commerce et d'industrie, réglés et reliés; reliures de luxe. — *Médaille d'argent.*

5. (41). **Smith et Meynier**, à Fiume (littoral hongrois). — Papier à la mécanique. (Agent à Paris : Louis Piette, rue de Rivoli, 16 et 18.)

COOPÉRATEUR *(Médaille d'or).*

Eugène **Frémont**, directeur des travaux chez MM. Smith et Meynier, fabricants de papier, à Fiume.

Classe 8

Point d'exposants.

Classe 9

ÉPREUVES ET APPAREILS DE PHOTOGRAPHIE

1. (12). **Glatz** (Théodore), professeur à Szeben (Transylvanie).

— Vues photographiques de la Transylvanie et des costumes nationaux. — *Mention honorable.*

2. (14). **Gondy et Egey**, à Debreczen. — Photographies.

3. (21). — **Koller** (Charles), à Besztercze (Transylvanie). — Costumes nationaux.

4. (22). **Kozics** (Édouard), à Pozsony. — Photographies. — *Mention honorable.*

5. (44). **Schuller** (Louis), à Segesvár (Transylvanie). — Vues photographiques.

6. (46). **Schrecker** (Ignace), à Pesth. — Portraits et costumes photographiques.

7. (49). **Strelісzky** (Léopold), à Pesth. — Photographies. — *Mention honorable.*

8. (55). **Veres** (François), à Kolosvár (Transylvanie). — Costumes nationaux, portraits et vues.

Classe 10

INSTRUMENTS DE MUSIQUE

1. (3). **Beregszászy** (Louis), à Pesth. — Piano. — *Médaille de bronze.*

Classe 11

APPAREILS ET INSTRUMENTS DE L'ART MÉDICAL

1. (8). **Fischer** (Pierre), à Pesth. — Instruments de chirurgie et bandages orthopédiques.

2. (9). **Kovács** (docteur Joseph). Indicateur électrique à sonnette, avec pince pour extraire les projectiles.

Classe 12

INSTRUMENTS DE PRÉCISION ET MATÉRIEL DE L'ENSEIGNEMENT DES SCIENCES

1. (2). **Hamar** (Léon), professeur de physique à Pesth. — Pile galvano-électrique; régulateur de lumière électrique; appareil télégraphique autographe à clavecin; appareil diamagnétique.

Classe 13

CARTES ET APPAREILS DE GÉOGRAPHIE ET COSMOGRAPHIE

1. (24). **Lay** (Félix), à Eszék (Esclavonie). — Brochure contenant un rapport sur la production et le commerce de l'Esclavonie.

2. (35). **Vukassinovic** (Antoine), à Eszék (Esclavonie). — Brochure sur l'état de la sériciculture en Esclavonie.

GROUPE III

Classe 14

MEUBLES DE LUXE

1. (6). **Feivel** (Léopold), à Pesth. — Meubles de fer.

2. (10). **Herold** (Jean), à Pesth. — Meubles. — *Mention honorable.*

3. (24). **Oetl** frères, à Pesth. — Coffres-forts. — *Mention honorable.*

Classe 15

OUVRAGES DE TAPISSIER
ET DE DÉCORATEUR

1. (19). **Kramer** (Samuel), à Pesth. — Meubles. — *Mention honorable.*

2. (26). **Priegl** (Georges), à Arad. — Cadres.

3. (32). **Steinschneider** (Jacques), à Pesth. — Couverture de soie.

Classe 16

CRISTAUX, VERRERIE DE LUXE
ET VITRAUX

1. (31). **Taussig** (Joseph), à Pesth. — Glaces encadrées. (Agent à Paris : Trenel et Casewitz, rue Vendôme, 10.)

2. (39). **Zahn** (J.-G.) **et Pantoschek** (L.-V.), à Zlatno (comté Nógrád. — Verrerie de luxe. — *Mention honorable.*

3. (41). **Zay** (comte Albert), à Zay-Ugrócz. — Verres à vitres.

Classe 17

PORCELAINES, FAIENCES
ET AUTRES POTERIES DE LUXE

1. (4). **Fischer** (Maurice), à Herend. — Objets en porcelaine de style antique, japonais, chinois et oriental. — *Médaille d'argent.*

Classe 18

TAPIS

1. (—). **Lay** (Félix), à Eszék. — Tapis confectionnés par les femmes du peuple.

Classes 19 à 22

Point d'exposants.

Classe 23

HORLOGERIE

1. (8). **Králik** (Samuel), à Pesth. — Pendules et échappements. — *Médaille d'argent.*

(M. Králik est propriétaire d'un établissement d'horlogerie à Pesth, fondé en 1822. Il est membre de l'Académie nationale, etc., de Paris, horloger de l'Observatoire, de l'Université et de l'Académie des sciences de Hongrie, de l'Institut polytechnique de Bude, etc. Médailles et mentions honorables à Paris, à Londres, Vienne, Munich, Pesth, etc. Expose trois pièces d'horlogerie:

a) Pendule astronomique (Saturne). — Le cadran a 12 pouces (31.6 centimètres) de diamètre; — les trous sont en pierres précieuses; — le support est en marbre de Carrare. Avec cette pendule on mesure le temps avec la plus grande exactitude. Prix . 1,500 francs.

b) Pendule astronomique (Jupiter). — Le cadran a 12 pouces (31.6 centimètres) de diamètre; — les trous sont en pierres précieuses, — le support de la cage est en marbre de Carrare. Avec cette pendule on mesure le temps avec la plus grande exactitude. Prix : 1,250 francs.

c) Pendule (Vénus-Uranie): — Grande sonnerie à répétition. — Le cadran a 10 pouces (26:3 centimètres) de diamètre; — les trous sont en pierres précieuses. Elle se recommande aux instituts polytechniques pour la démonstration du mécanisme de la sonnerie à répétition et pour examiner en détail et étudier la construction de la quadrature; elle sert en même temps à mesurer le temps avec la plus grande exactitude. Prix : 2,500 francs.)

2. (10). **Lechner** (Joseph), à Pesth. — Pendules.

Classe 24

APPAREILS ET PROCÉDÉS DE CHAUFFAGE ET D'ÉCLAIRAGE

1. (27). **Zay** (comte Albert), à Zay-Ugrócz. — Accessoires d'éclairage en verre.

2. (—). **Feivel** (Léopold), à Pesth. — Chauffage. — *Mention honorable.*

Classe 25

PARFUMERIE

1. (1). **Bányay** (Charles), à Kolosvár (Transylvanie). — Parfumerie.

Classe 26

OBJETS DE MAROQUINERIE, DE TABLETTERIE ET DE VANNERIE

1. (22). **Gólyósy** (Adolphe), à Tœrœk-Becse. — Pipes pour cigares.

2. (34). **Jausz** (J.-F), à Ujvidék. — Objets tournés.

3. (37). **Neugebauer** (Jean), à Eszék (Esclavonie). — Brosses fines et ordinaires.

4. (80). **Posner** (Charles-Louis), à Pesth. — Objets de tabletterie. — *Médaille de bronze.*

GROUPE IV

Classes 27 et 28

Point d'exposants.

Classe 29

FILS ET TISSUS DE LAINE PEIGNÉE

1. (4). Fabrique de draps et d'étoffes de laine à Gács. — Tissus de laine.

Classe 30

FILS ET TISSUS DE LAINE CARDÉE

1. (3). **Arszenitu - Diamandi** (G.), à Brassó (Transylvanie). — Couvertures de laine.

2. (14). **Fritsch** (Samuel), à Szeben (Transylvanie). — Drap dit Halina, blanc; tapis; azor.

3. (16). Fabrique de draps et d'étoffes de laine à Gács. — Draps et autres tissus de laine. — *Mention honorable.*

Classe 31

Point d'exposants.

Classe 32

CHALES

1. (4). Fabrique de draps et d'étoffes de laine à Gács. — Châles.

Classe 33

DENTELLES, TULLE, BRODERIES ET PASSEMENTERIES

1. (24). **Soupper** (Thérèse), à Pesth. — Images brodées.

Classe 34

ARTICLES DE BONNETERIE ET DE LINGERIE, OBJETS ACCESSOIRES DE VÊTEMENT.

1. (16). **Klausz** (Mme veuve Anne), à Pesth. — Articles de lingerie.

2. (37). **Swetlik** (Ferdinand), à Pozsony. — Gants.

Classe 35

HABILLEMENTS DES DEUX SEXES

1. (4). **Borbély** (Jean), à Debreczen. — Szür (capote hongroise). — *Mention honorable.*

2. (13). **Grandavec** (Joseph), à Zágráb (Croatie). — Chaussures.

3. (29). **Kanitz** (Jean), à Pesth. — Chaussures. — *Mention honorable.* (Agent à Paris : Goldbeck et Cie, rue Martel, 21).

4. (30). **Kindl** (Joseph), à Pesth. — Chapeaux en bolet amadouvier.

5. (38). **Kraetschmar** (C.-A.), à Rima-Szombath. — Szür (capote hongroise).

6. (40). **Matoschek** (M.), à Zágráb (Croatie). — Costume national croate. — *Mention honorable.*

7. (42). **Micsei** et Cie, à Pesth. — Chapeaux de paille. — *Médaille de bronze.*

8. (45). **Neumann** (M.), à Várasd et Zágráb (Croatie). — Sürka, habit national croate.

9. (71). **Szépesy** (Antoine), à Pesth. — Chaussures. — *Médaille de bronze.*

Classes 36, 37 et 38

Point d'exposants.

Classe 39

BIMBELOTERIE

1 (3). **Lényey** (Étienne), à Pesth. — Jeu de chasse.

GROUPE V

Classe 40

PRODUITS DE L'EXPLOITATION DES MINES ET DE LA MÉTALLURGIE

1 (4). **Andrássy** (Cte Georges),

à Derno (comté Gœmœr). — Fonte, plaques à rebord.

2. (17). **Bontoux** (Eugène), à Marienthal (près de Pozsony). — Ardoises et produits de l'industrie ardoisière. — *Médaille d'argent.* (Dépôt à Paris : rue d'Hauteville, boulevard Poissonnière, 34, chez Koch et Cie.)

3. (23). **Diner** (Samuel), et fils. — Régule d'antimoine.

4. (37). **Egger** (Samuel), à Pesth. — Minéraux.

5. (48). **Ganz** (Abraham), à Bude. Cylindre de fonte dure ajustée au tour.

6. (54). **Giacich** (Nicolas), à Fiume (littoral hongrois). — Échantillons de marbres indigènes : urne en marbre.

7. (58). Direction des usines à **Haczasel** (Transylvanie). — Oxyde de fonte, tôle.

8. (68). **Hoffmann** (Ernest), à Jesenitza. — Minerais de chrome. — *Mention honorable.*

9. (83). Société pour l'exploitation des mines de cobalt et de nickel de **Zemberg**, à Dobsina. — Échantillons de minerais de cobalt et de nickel. — *Médaille d'argent.*

10. (86). Société par actions pour l'exploitation des mines et des usines métallurgiques à **Brassó** (Transylvanie). — Cube de houille. — *Médaille de bronze.*

11. (106). **Nehrer** (Mathias), à Rosnyó. — Clous fabriqués à la mécanique, fonte, objets en fonte, minerais de cobalt bruts, arséniure de nickel et de fer, minerais de fer, antimoine. — *Médaille de bronze.*

12. (109). Fabrique de bougies **Polonia**, à Ujpesth, près Pesth. — Pétrole.

13. (114). **Œlschlager**, **Plander** et **Major**, Wagedrüszszel (comté de Szepes). — Poëles et drons.

14. (124). **Pœhm** (Simon) et Cie, à Alsó-Metzenzé. — Pics et pelles.

5. (126). **Pozdech** (Joseph), à Pesth. — Cloche en métal et beffroi en fer. — *Médaille de bronze.*

16. (129). **Preisner** (Jean), à Zágráb (Croatie). — Chaînes en fer.

17. (132). **Mines de mercure de Komorócz.** — Cinabre, mercure, sulfate et carbonate de magnésie.

18. (134). **Rainihofszky** (Vincent), à Cassovie. — Samovar et cafetières.

19. (158). Société des mines et usines de **Segen-Gottesberg**, à Lockenhaus. — Échantillons de minéraux, de roches, de pétrifications et de produits métallurgiques ; tableaux statistiques. — *Mention honorable.*

20. (181). **Walser** (François), à Pesth. — Cloches et beffroi en fer. *Mention honorable.*

21. (—). **Wagner** (Frédéric), à Kolosvár (Transylvanie). — Acier des mines de Thoroczkó.

Classe 41

PRODUITS DES EXPLOITATIONS ET DES INDUSTRIES FORESTIÈRES

1. (2). **Adrian** (Jean), à Tata. — Gourde dite kulacs.

2. (6). **Batthyány** (comte Gustave), à Brod-Grobnik (près de Fiume). — Produits d'exploitation forestière. — *Médaille de bronze.*

3. (7). **Bauer** (M.), à Miholac, sur la Drave. — Douves en chêne. — *Médaille d'argent.*

4. (11). **Dapsy** (Guillaume), à Rima-Szombat (comté de Gœmœr). — Noix de Galles.

5. (28). Domaine de **Diakovár** Esclavonie). Produits forestiers. — *Médaille de bronze.*

6. (30). **Hesshaimer** (J.-L. et A.), à Brassó (Transylvanie). — Potasse, amadou brut. — *Mention honorable.*

7. (31). **Hiller** (C.) et Cie, à Eszék (Esclavonie). — Potasse obtenue des noix de Galles.

8. (32). **Hirschler** (héritiers de Georges), à Zágráb (Croatie). — Douves de chêne.

9. (33). **Jager** (Laurent), à Eszék (Esclavonie). — Bois fendu et douves. — *Mention honorable.*

10. (39). **Kulmer** (comte Frédéric), à Osterna-Demerje (Croatie). — Douves. — *Mention honorable.*

11. (47). **Pfeifer** (Joseph), à Nasic (Esclavonie). — Douves, bois-feuilles, bois pour instruments de musique. — *Médaille d'argent.*

12. (48). **Plank** (Charles), à Pozsony. — Tonneaux.

13. (50). **Prandau** (baron Gustave), aux domaines de Walpo et de Miholač (Esclavonie). — Douves et autres produits forestiers. — *Mention honorable.*

14. (54). **Rozmanith, Balko** et Cie, à Arad. — Bois pour instruments de musique; bois de frêne marbré, de Hongrie; bois de noyer marbré; bois pour marqueterie. — *Médaille d'argent.*

15. (61). **Sever** (Joseph), à Eszék (Esclavonie). — Tonneaux.

16. (64). **Spissich** (M.) **et Kovacic**, à Eszék (Esclavonie). — Douves à la façon allemande et française. — *Médaille d'argent.* (Agents à Paris : Jules Dumas et l'associé de la maison, Edmond Kovacic.)

(La maison exporte beaucoup pour la France et l'Angleterre, surtout dans les villes de Marseille, Bordeaux, Cette et Londres. Production annuelle, 35 millions de pièces de différente grandeur. La maison a reçu déjà plusieurs médailles.)

17. (65). **Stoc** (Antoine), à Samobor (Croatie). — Potasse. — *Mention honorable.*

18. (81). **Trautenberg** (baron), à Moór. — Bois de hêtre pour la fabrication d'outils. — *Mention honorable.*

19. (85). **Zay** (comte Albert), à Zay-Ugrócz, près de Baán. — Tan.

Classe 42

PRODUITS DE CHASSE, DE PÊCHE ET DES CUEILLETTES

1. (4). **Fleischl** (Daniel) et Cie, à Pesth. — Plumes pour literie.

2. (8). **Kindl** (Joseph), à Zircz. — Amadou et objets fabriqués en amadou.

3. (11). **Pejacsevich** (comte Adolphe), à Eszék (Esclavonie). — Bois de cerf et de chevreuil.

Classe 43

PRODUITS AGRICOLES
(NON ALIMENTAIRES)
DE CONSERVATION FACILE

1. (2). **Ackner** (Hermann), à Szeben (Transylvanie). — Miel et cire. — *Mention honorable.*

2. (4). **Adamovich** (cap. Jean), à Csepin, près Eszék. — Chanvre. — *Médaille de bronze.*

3. (6). **Felter et Arensohn**, à Brassó (Transylvanie). — Échantillons de laines brutes lavées et non lavées.

4. (10). **Andrasovszky** frères, à Kolosvár (Transylvanie). — Cocons provenant de graines de la Chine et du Japon.

5 (11) **Andrássy** (comte Georges), à Pesth. — Chanvre teillé et non teillé. — *Médaille de bronze.*

6. (17). **Axentijevic** (Pierre) et fils, à Eszék (Esclavonie). — Chanvre teillé.

7. (18). **Bellczay** (Émeric) et fils à Pesth. — Miel et cires. — *Médaille d'argent.*

8. (21). **Birnbaum** (Jacques), à Pesth. — Chanvre brut, teillé et peigné. — *Médaille d'argent.*

(La manufacture a été fondée en 1849 et emploie déjà plus de 100 ouvriers. Elle est en mesure d'effectuer les ordres les plus importants en la même qualité et promptement.)

9. (22). **Boér** (Jean), à Kolosvár (Transylvanie). — Cire et poix.

10. (27). **Calogovich** (Balthazar), à Eszék (Esclavonie). — Colza et safran.

11. (44). **Fehér** (Alexandre), à Tœrœk-Becse. — Colza.

12. (44). **Fehér** (Nicolas), à Tœrœk-Becse. — Colza.

13. (45). **Festetics** (comte Georges) — De ses domaines des comtés de Vas et de Somogy. — Chanvre, laine, colza, trèfle, chenevis. — Compris dans la *médaille d'or* pour la collection de laines, et *médaille d'argent* pour le chanvre.

(Production annuelle : chanvre, 5,400 kilogr.; colza, 1,000 hectolitres; trèfle, 9,300 kilogr.; chenevis, 500 hectolitres.)

14. (54). **Glevitzky** (Alexandre), à Kassa. — Racines et herbes.

15. (60). **Gœndœcs** (Benoit), à Uj-Kigyós. — Tabac. — *Médaille de bronze.*

16. (61). **Halbauer** (Jean-G.), à Pesth. — Graines et autres produits du pays.

17. (62). Chambre de commerce et d'industrie à Brassó (Transylvanie). — Lin, chanvre. — *Médaille de bronze.*

18. (67). **Hiller** et Cie, à Eszék (Esclavonie). — Chanvre teillé, galons pour dentelles, chanvre pour cordonniers, étoupes pour galons. — *Médaille de bronze.*

19. (77). **Hunyady** (comte Joseph), à Tarány. — Toisons. — Compris dans la *médaille d'or* pour la collections de laines.

20. (84). **Kaufmann** (Adolphe) et fils, à Apathin. — Chanvre brut, teillé et peigné. — *Médaille de bronze.*

21. (85). **Képessy** (Joseph), à Tœrœk-Becse. — Colza du Banat.

22. (88). **Kœchlin** (É.), à Pesth. — Chanvre, colza, trèfle. — *Médaille de bronze* pour le chanvre.

(Agence pour les produits de Hongrie, tels que froment et autres céréales, colza, chanvre, miel, farine, potasse, laine, saindoux, lard, prunes, etc.)

23. (89). **Kohen** (J.-J.), à Pesth. — Tabac. — *Médaille de bronze*. (Agents à Paris : *G. Mathias* et *G. Maas*, associés de la maison, rue de Trévise, 37.)

(La maison a fourni, depuis 1860, de très-grandes quantités de tabac à la régie française et italienne, à la satisfaction complète des commettants. La maison est en mesure d'effectuer couramment les ordres les plus considérables. Les prix à Paris sont calculés par 100 kilogr. On traite à meilleur marché en livrant à Pesth, emballage franco. Pour plus ample renseignements, s'adresser à MM les associés, 37, rue de Trévise.)

24. (100). **Kraetschmar** (C.-A.), à Rima Szombath. — Laine. — *Médaille de bronze.*

(Agent à Paris : Hunyiados frères. Médailles et mentions honorables pour vins et laines à Paris, Londres, New-York, Vienne, etc.)

25 (112). **Lay** (héritiers de M. Michel), à Eszék (Esclavonie). — Huiles et tourteaux. — *Médaille de bronze.*

26. (114). **Lichtenfrost** (Charles), à Léva. — Toisons.

27. (125). **Matyasska** (François) aîné, à Szakolcza. — Mauves, guède.

28. (128.) **Mergenthaler** (Charles), à Eszék (Esclavonie). — Chanvre brut, teillé et peigné. — *Médaille de bronze.*

29. (131). **Mittak** (Jean) et fils, à Szakolcza. — Substances colorantes.

30. (138). École primaire de Nagy-Szent-Miklós. — Tabac. — *Mention honorable.*

31. (139). **Nostitz** (comtesse Pauline), à Schœndorf, près Uj-Arad. — Tabac. — *Médaille de bronze.*

32. (147). **Platthy** (Étienne), Unghvár. — Tabac. — *Mention honorable.*

33. (160). **Relmel et Herz**, à Pesth. — Laine.

(Maison de commission pour le commerce des produits naturels de Hongrie, spécialement des laines dites « Zackel et Zigaie, » de Hongrie, de Transylvanie, de Servie et de Valachie, puis pour les graisses, principalement le saindoux et le lard.)

34. (163). **Sándor** (comte Maurice), à Bia, près Bude. — Toisons lavées à chaud. — *Mention honorable.*

35. (171). **Schüller** (Jean), à Apathin. — Chanvre brut, teillé et peigné. — *Médaille d'argent.*

36. (176). **Sik** (Joseph), à Pesth. — Miel et cire.

37. (194). **Ungher** frères, à Kassa. — Huile de graine de maïs.

38. (195). **Veesey** (Émeric), à Debreczen. — Tabac. — *Mention honorable.*

39. (198). **Vukasinovic** (Antoine), à Eszék (Esclavonie). — Soie,

cocons, graines de vers à soie; graines de mûrier.

40. (200). **Waldstein** (comte Jean). — Laine. — Compris dans la *médaille d'or* pour la collection de laines.

41. (204). **Wodianer** (Albert de), à Pesth. — Colza. — *Mention honorable.*

42. (207). **Wolfner** (Jules) et Cie, à Pesth. — Laine.

43. (209). — **Wrchowsky** (Gustave et Paul), à Pesth. — Mauve et guède.

44. (211). **Zichy** (comte Edmond), à Szent-Mihàly (comté de Fehér). — Laine en ballots. — Compris dans la *médaille d'or* pour la collection de laines.

45. (81). **Kappel** (Frédéric), à Kis-Tùr. — Produits agricoles divers. — *Mention honorable.*

46. (—). **Schossberger** S. W, à Pesth. — Huile de colza. — *Mention honorable.*

47. (—). **Somoskeœy** (Antoine), à Szathmàr. — Tabac.

Classe 44

PRODUITS CHIMIQUES ET PHARMACEUTIQUES

1. (19). **Fabrique de produits chimiques,** à Fiume (littoral hongrois). — Produits chimiques. — *Médaille d'argent.*

(Médailles à Paris (1855) et à Londres (1862). Production annuelle, un million de kilogrammes de produits chimiques divers.)

2. (47). **Fabrique de bougies,** de stéarine, d'acide sulfurique et de soude à Szeben (Transylvanie). — Bougies et produits chimiques. — *Médaille d'argent.*

3. (48). **Hesshaimer** (J.-L. et A.), à Brassó (Transylvanie). — Eaux minérales de Transylvanie; potasse et photogène.

4. (54). **Hinz** (Georges) et **Banyay** (Charles), à Kolosvàr (Transylvanie). — Produits chimiques.

5. (36). **Leitner et Grünwald,** à Pesth. — Allumettes chimiques. — *Mention honorable.*

6. (82). **Mosch** et Cie, à Pesth. — Glycérine, savon à la glycérine.

7. (88). — **Fabrique de bougies Polonia et d'huile**, à Uj-Pesth, près Pesth. — Bougies Polonia; pétrole. — *Médaille de bronze.*

8. (93). **Fabrique de paraffine,** à Szeben (Transylvanie). — Bougies de paraffine. — *Médaille de bronze.*

9. (99). **Institut pharmaceutique techno-chimique**, à Pesth. — Produits pharmaceutiques et chimiques; huiles essentielles. — *Médaille de bronze.*

10. (113). **Riegler** (Ignace) et fils, à Pesth. — Bougies de paraffine. — *Médaille de bronze.*

11. (132). **Tœrœk** (Joseph de), à Pesth. — Produits pharmaceutiques (cigarettes odontalgiques).

12 (136). **Veszprémi** (Samuel), à Debreczen. — Savon ordinaire et mousseux.

13. (147). **Zarzetzky** (Joseph), à Pesth. — Allumettes chimiques. — *Médaille d'argent.*

Classe 45

Point d'exposants.

Classe 46

CUIRS ET PEAUX

1. (6). — **Dück** (Joseph), à Brassó (Transylvanie). — Cuirs. — *Médaille de bronze.*

2. (13). **Gyœrgy** (Joseph), à Paris, rue Richelieu, 22. — Tapis composé de cuirs et de fourrures. — *Mention honorable.*

3. (18). Chambre de commerce et d'industrie, à Brassó (Transylvanie). — Peaux d'agneaux.

4. (20). **Hiller** (C.) et Cie, à Eszék (Esclavonie). — Pelleterie et fourrures

5. (32). **Schmitt** (Adolphe) et Cie, à Rossau. — Cuirs. — *Médaille de bronze.*

6. (36). **Simonic** (Ignace), à Zágráb (Croatie). — Cuirs.

7. (42). **Wolf** (Frédéric) et **Kleinrath** (Frédéric), à Brassó (Transylvanie). — Cuirs de veau.

8. (—). **Wolfner** (Jules) et Cie, à Pesth. — Cuirs et peaux. — *Médaille de bronze.*

GROUPE VI

Classe 47

MATÉRIEL ET PROCÉDÉS DE L'EXPLOITATION DES MINES ET DE LA MÉTALLURGIE

1. (2). **Direction des mines, forêts et domaines royaux**, à Selmecz. — Modèles de moulin à amalgamer; d'une table de lavage tournante et de machines pour préparer les minerais. (Hors concours.)

2. (3). **Administration royale des mines à Abrud-Bánya** (Transylvanie). — Plans et coupes de l'exploitation des gîtes aurifères. (Hors concours.)

3. (12). **Pozdech** (Joseph), Pesth. — Soufflets pour forges de campagne.

4. (21). Administration royale des salines, à Maros-Ujvár (Transylvanie). — Plans des gîtes salinifères et de leur exploitation.

Classe 48

MATÉRIEL ET PROCÉDÉS D'EXPLOITATION RURALE ET FORESTIÈRE

1. (14). **Farkas** (Étienne), à Pesth. — Charrue et affûts de charrues. — *Médaille d'argent.*

2. (23). **Gubicz** (André), à Pesth. — Charrue et affûts de charrues. — *Médaille de bronze.*

3. (43). **Leicht** (M.), à Eszék (Esclavonie). — Charrue.

4. (59). — **Polgár** (Pierre), à Makó. — Charrues en fonte et en fer forgé.

5. (76). **Vidats** (Étienne), à Pesth. — Charrues avec affûts ordinaires et d'après le système Eckert; modèles de machines agricoles. — *Médaille d'argent.*

Classe 49

Point d'exposants.

Classe 50

MATÉRIEL ET PROCÉDÉS DES USINES AGRICOLES ET DES INDUSTRIES ALIMENTAIRES

1. (8). **Haesek** (Maurice), à Pesth. — Appareil pour distillerie. — *Médaille de bronze.*

2. (12). **Société de Kassa-Hegyalja**, pour l'exploitation des carrières de pierres meulières et de produits minéraux. — Meules. — *Médaille de bronze.*

Classes 51 et 52

Point d'exposants.

Classe 53

MACHINES ET APPAREILS DE LA MÉCANIQUE GÉNÉRALE

1. (32). **Tòth** (Joseph), à Kecskemét. — Appareil contre l'incrustation des chaudières. — *Médaille de bronze.*

(Adopté pour les usines d'État en Autriche.)

Classe 54

MACHINES-OUTILS

1. (5). **Ganz** (Abraham), à Bude. — Machines à couper les languettes pour la confection des caisses; machine à percer. — *Médaille de bronze.*

Classes 55 à 58

Point d'exposants.

Classe 59

MATÉRIEL ET PROCÉDÉS DE LA PAPETERIE, DES TEINTURES ET DES IMPRESSIONS

1. (12). **Weiss** (Jacques), à Zàgràb (Croatie). Chiffons de lin comprimés.

Classe 60

MACHINES, INSTRUMENTS ET PROCÉDÉS USITÉS DANS DIVERS TRAVAUX

1. (1). **Feiwel** (Léopold), à Pesth. — Matériel pour le plombage des bestiaux.

Classe 61

Point d'exposants.

Classe 62

BOURRELLERIE ET SELLERIE

1 (4). **Csizsik** (Émeric), à Kassa. — Bride hongroise, fouets de chasse

2. (8). **Orendt** (Michel), à

Szeben (Transylvanie). — Harnais pour chevaux.

3. (9) **Scholtz** (C.-A.), à Matzdorf, près Poprád. — Étrilles.

4. (10). **Szepessy** (Antoine), à Debreczen. — Fouets de cocher et de chasse, cravaches, harnais pour cheval de selle.

Classe 63

MATÉRIEL DES CHEMINS DE FER

1. (2). **Andrássy** (comte Georges), à Dernó. — Roues de wagon de fer coulées au moule, fragment de roues. — *Mention honorable.*

2. (5). **Ganz** (A.), à Bude. — Roues coulées en coquilles pour chemins de fer. — *Médaille d'argent.*

Classe 64

MATÉRIEL ET PROCÉDÉS DE LA TÉLÉGRAPHIE

1. (2). **Hamar** (Léon), professeur de physique à Pesth. — Appareil télégraphique Morse à clavier.

Classe 65

MATÉRIEL ET PROCÉDÉS DU GÉNIE CIVIL, DES TRAVAUX PUBLICS ET DE L'ARCHITECTURE

1. (6). **Csik** (Joseph), à Ujvidék. — Chaux hydraulique; béton. — *Médaille de bronze.*

2. (15). **Feiwel** (Léopold), à Pesth. — Cadenas.

3. (16). **Gerenday** (Antoine), à Pesth. — Marbre; fontaine en marbre; album d'ouvrages de tailleurs de pierre. — *Médaille de bronze.*

4. (52). **Schlick** (Ignace), **Kauzer** (Étienne) et **Maygraber** (Auguste), à Pesth. — Modèle d'un pon à extension.

Classe 66

MATÉRIEL DE LA NAVIGATION ET DU SAUVETAGE

1. (5). **Brazzoduro** (Jacques), à Fiume (littoral hongrois). Modèle du bâtiment-barque russe *Alfredo Covacevich*, de 694 tonneaux. — *Mention honorable.*

2. (7). **Compagnie impériale-royale de la navigation à vapeur sur le Danube.** Fabrique à Bude. — Câbles et cordages; étoupes à calfeutrer. Dessins : coupe longitudinale du remorqueur *Czerna;* modèle du remorqueur *Eros* et de six bâtiments à remorquer; d'un propeller, d'un bateau destiné au transport du bétail de la race porcine; des quatre bâtiments : *Neptune, Ferdinand-Maximilien, Giselle* et *Albert;* modèle de chaudières pour bateaux à vapeur. — *Médaille d'argent.*

3. (8). **Établissement technique** à Fiume (littoral hongrois). — Modèle de la machine à vapeur de 800 chevaux fonctionnant à bord de la frégate cuirassée à hélice de S. A. l'archiduc Ferdinand-Maximilien; dessin d'une machine à vapeur de la force de 120 chevaux pour un

pyroscaphe de la Société hongroise de navigation à vapeur sur le Danube. — *Médaille d'argent.*

GROUPE VII

Classe 67

CÉRÉALES ET AUTRES PRODUITS FARINEUX COMESTIBLES AVEC LEURS DÉRIVÉS

1. (5). **Andrássy** (comte Georges), à Pesth. — Froment.

2. (7). **Barber et Klusemann** à Bude. — Produits de l'industrie meunière. — *Médaille d'argent.*

Médailles à Londres (1862) et à Hambourg (1863).

3. (8). **Bignio** (Jean), à Debreczen. — Fécules.

4. (11). **Blum** (Jean), à Bude. — Farine et orge mondée. — *Médaille d'or.*

(Depuis le mois de février 1867, cet établissement est entre les mains d'une société à actions.)

5. (12). **Moulin à vapeur de Borsod-Miskolcz,** propriété d'une société à actions. — Farines. — *Médaille d'or.* (Agent à Paris : Antoine Krebs, 66, rue de Bondy. Médaille à Londres (1862.)

6. (14). **Calogovich** (B.), à Eszék (Esclavonie) — Céréales.

7. (24). **Moulin à vapeur à Zágráb** (Croatie). — Produits farineux. — *Médaille d'argent.*

8. (29). **Demiany et Genersich**, à Kézsmárk. — Fécules de pommes de terre.

9. (35). **Moulin à turbines,** à Károlyvár (Croatie). — Farines, gruaux et orge perlée. — *Médaille d'argent.*

10. (38). **Fehér** (Alexandre), à Tœrœk-Becse — Céréales.

11. (40). **Fehér** (Nicolas), à Tœrœk-Becse. — Céréales. — *Médaille d'argent.*

12. (41). **Fellner** (Emmanuel), à Békés-Gyula. — Froment. — *Médaille d'argent.*

13. (42). **Festetich** (comte Georges), de ses domaines en Hongrie. — Céréales. — *Médaille d'argent.*

14. (59). **Gœndœcs** (Benoît), à Uj-Kigyós. — Collection de maïs. — *Médaille de bronze.*

15. (61). **Halbauer** (Jean-G.) à Pesth. — Céréales.

16. (69). **Herzog frères et Schwarz,** à Eszék (Esclavonie). — Farines.

17. (75). **Moulin à vapeur** *István.* Directeur : Gustave Szepesy, à Debreczen. — Céréales et farines. — *Médaille d'or.*

18. (77). **Kappel** (Fréderic), à Kis-Túr. — Froment, seigle, orge, avoine et maïs. — *Médaille d'argent.*

19. (79). **Karnász** (Joseph), à Tœrœk-Becse. — Froment.

20. (80). **Moulin mécanique de Kassa.** — Orge mondée; farines d'orge et de froment. — *Médaille d'argent.*

21. (83). **Képessy** (Joseph), à Tœrœk-Becse. — Froment. — *Médaille d'argent.*

22. (85). **Kœchlin** (R.), à Pesth. — Froment, maïs.

23. (88). **Harkányi** (Fréderic), à

Abony. — Froment. — *Médaille d'argent.*

24. (115). **Neumann frères**, à Arad. — Farines.

25. (117). **Société de Fabrikshof**, à Bude. — Produits farineux.

26. (118). **Société du moulin à vapeur de Bude et Pesth**, à Pesth. — Farines. — *Médaille d'or.*)Agent à Paris : R. Reinhardt, square des Innocents, 7.)

27. (119). **Oroszi** (Nicolas), à Szentes. — Froment.

28. (121). **Moulin à vapeur** *Pannonia*, à Pesth. — Produits farineux. — *Médaille d'argent.*

29. (141). **Société du moulin à cylindre**, à Pesth. — Produits farineux. — *Médaille d'or.*

30. (140). **Schwarz** (Étienne), à Eger. — Farines.

31. (142). **Sina** (baron Simon), à Pesth. — Céréales. — *Mention honorable.*

32. (144). **Strassenreiter** (Ignace), à Pesth. — Fécule.

33. (151). **Traytler** (L.-A.), à Arad. — Produits farineux.

34. (153). **Ungar frères**, à Kassa. — Produits farineux.

35. (157). **Vecsey** (Emeric), à Debreczen. — Orge, froment.

36. (158). **Moulin à vapeur** à Velencze (comté de Fehér). — Farines. — *Médaille d'argent.*

37. (167). **Wodianer** (Albert), à Pesth. — Froment et seigle.

38. (—). **Somoskeœy** (Antoine), à Vetés (comté de Szatmár). — Froment.

39. (—). **Nagy** (Michel), à Gyœr. — Macaroni, vermicelles.

Classe 68

PRODUITS DE LA BOULANGERIE ET DE LA PATISSERIE

1. (1). **Fürst** (Édouard), à Pesth. — Biscuits.

Classe 69

CORPS GRAS ALIMENTAIRES

1. (5). **Beimel et Herz**, à Pesth. — Saindoux.

2. (16). **Koechlin** (E.), à Pesth — Saindoux. — *Médaille de bronze.*

3. (23). **Rechner et Felter**, à Temesvár. — Saindoux. — *Médaille de bronze.*

Classe 70

POISSONS ET VIANDES

1. (3). **Beimel et Herz**, à Pesth. — Lard. — *Mention honorable.*

2. (15). **Corporation des charcutiers à Debreczen**. — Lard. — *Médaille de bronze.*

Classe 71

LÉGUMES ET FRUITS

1. (22). **Koechlin** (E.), à Pesth. — Prunes sèches. — *Médaille de bronze.*

2. (41). **Zdencaj** (Édouard), à Zágráb (Croatie). — Prunes sèches.

Classe 72

CONDIMENTS ET STIMULANTS
SUCRES
ET PRODUITS DE L'A CONFISERIE

1. (6). **Balás** (Georges), à Ipolynyék. — Vinaigre de framboises.

2. (7). **Bannwitz** (Charles) et fils, à Zágráb (Croatie). — Vinaigre concentré.

3. (10). **Bauer** (Maurice), à Sopron. — Sucre brut et raffiné. — *Médaille d'argent.*

4. (18). **Egger** (Adolphe), à Pesth. — Sucre de drèche.

5. (22). **Fehér** (Nicolas), à Tœrœk-Becse. — Paprika (poivre rouge).

6. (—). **Pokorny** (François), à Zágráb (Croatie). — Liqueurs. — *Médaille d'argent.*

7. (—) **Braun frères**, à Pesth. — Liqueurs. — *Médaille de bronze.*

8. (—). **Teutsch** (André-Jules), à Brassó (Transylvanie). — Liqueurs.

9. (—) **Scholz** (François), à Zágráb (Croatie). — Confitures.

GROUPE VIII

Classe 73

BOISSONS FERMENTÉES

1. (3). **Andràssy** (comte Georges), à Pesth. — Grands vins de Tokay. — Médaille d'or.

2. (4). **Augusz** (baron Antoine), à Szegzárd. — Vin rouge de Szegzárd. — Médaille de bronze.

3. (9). **Balàs** (Georges), à Ipolynyék, près Balassagyarmath. — Vins vieux, sylvorium vieux.

4. (12). **Barc** (Vinko), à Vuka (Esclavonie). — Vins rouges et blancs d'Esclavonie.

5. (14.) **Bartholovich** (Antoine), à Eszék (Esclavonie). Slivovitz (eau-de-vie de prunes). — Mention honorable.

6. (30). **Braun frères**, à Pesth. — Vins mousseux.

7. (46). **Dietzl** (Joseph), à Pesth. — Vins de Hongrie.

8. (47). **Domàny** (Joseph), à Arad. — Vins de Hongrie. — Médaille de bronze. — (Médailles à Londres, 1862; Stettin 1865; et Vienne 1866. Exporte pour l'Orient, l'Amérique, l'Italie, l'Allemagne.)

9. (51). **Egersdorfer** (Alexandre), à Ludbreg (Croatie). — Vins de Croatie.

10. (53). **Egerland** (François), à Debreczen. — Vins.

11. (56). **Erdœdy** (comte François), à Somlyó. — Vins de Somlyó. — Médaille d'argent.

12. (57). **Esch** (J.) **et Cie**, à Pozsony. — Vins mousseux.

13. (67). **Fischer** (Jean), à Pozsony. — Vins mousseux. — Médaille de bronze.

14. (69). **Flandorffer** (Ignace), à Sopron. — Vins de Hongrie. — Médaille de bronze.

15. (75). **Association viticole**, à Pécs (Hongrie). — Vins blancs et rouges du comté Baranya. (Agent à Paris : M. Fanta, rue Halévy, 4).

16. (81). **Commune de Medgyes** Transylvanie). — Vins de Transylvanie. — Médaille de bronze.

17. (84). **Gillming** (Joseph), à Ujvidék (près Petervárad). — Vins. — Mention honorable.

18. (91). **Greger** (Max), à Londres. — Vins de Hongrie. — Médaille d'argent. (Exportateur des vins de Hongrie, fournisseur de S. M. la reine d'Angleterre. Dépôts à Londres : 7, Mincing Lane, et 2, Old Bond Street; à Glascow, 44, Gordon Street. Agences à Brighton, Richmond, Windsor, Reading, Bath, Exeter, Plymouth, Chester, Leamington, Cheltenham, Buxton, Birmingham, Sheffield, Chesterfield, Leeds et Leicester.)

19. (95). **Hanauer** (Béla), à Pápa. — Vin de Somlyó. — Mention honorable.

20. (105). **Hœlle** (M.), à Pesth. — Vins de Hongrie et vin mousseux.

21. (106). **Jagunics** (Joseph), à Jaska (Croatie). — Vins de Croatie.

22. (107). — **Jálics** (François A.) et Cie, à Pesth. — Vins de Hongrie. — Médaille d'or.

(Médaille à Pesth, 1843, Munich, 1854, Paris, 1855, Londres, 1862. La maison fut fondée en 1822. Dépôts et agences : à Londres, C. O. Pattenhausen, 5, Fenchurh-Buildings; Amsterdam, W. Brummer, Schrœder et Cie; Rotterdam, W. Brummer, Schrœder et Cie; Hambourg, J. N. Scheiner; Berlin, C. W. Schrœder, 1, Mohnen-Strasse; Bukarest, A. E. Zehender; Constantinople, Bolland et Cie; Smyrne, Joseph Schiffmann; Prague, Adolph Heinrich Manninger; Lemberg, Arnold Werner; Saint-Pétersbourg, W. Mannheimer. — Dans les dépôts, à Pesth, il y a continuellement 30 à 40,000 hectolitres de vins de Hongrie.)

23. (108). **Janikovics** (Aloise), à Hatvan. — Vins.

24. (109). **Joó** (Jean), à Eger. — Vins d'Erlau. — Mention honorable.

25. (112). **Kaloszek** (Ignace), à Eszék (Esclavonie). — Eau-de-vie de prûnes.

26. (116). **Association viticole** à Kolosvár (Transylvanie). — Vins de Transylvanie. — Médaille d'argent. (Membres de l'association : MM. le comte Emeric Mikó, le baron Etienne Kemény, baron Jean Bornemisza, Charles Bányay, le comte Alexandre Bethlen, le comte Dominique Teleky, sen., John Paget et le baron Albert Bánffy.)

27. (—). **Kemény** (comte Étienne), à Kolosvár (Transylvanie). — Vins de Transylvanie. — Médaille d'or.

28. (119). **Knoll** (Antoine), à Vukovár (Esclavonie). — Vins de Syrmie.

29. (129). **Lenk** (Samuel) à Sopron. — Vins de Sopron et de Ruszt. — Médaille de bronze.

30. (132). **Lippóczy** (François, à Pudlein (comté Szepes). — Vins de Tokay. — Médaille de bronze.

31. (150). **Mikó** (comte Émeric), Kolosvár (Transylvanie). — Vins de Transylvanie. — Médaille d'or.

32. (154). **Molnár et Tœrœk** à Pesth. — Vins de Tokay. — Médaille d'argent.

33. (158). **Müller** (J. Geoffroi) à

Szeben (Transylvanie). — Vins de Transylvanie.

34. (169). **Ozsegovics** (Baron Metel), à Zágráb (Croatie). — Vins de Croatie. — Médaille d'or.

35. (176). **Platthy** (Étienne), à Unghvár. — Vin de Szerednye. — Mention honorable.

36. (177). **Plesch** (Jean et fils), à Pesth. — Boissons spiritueuses. — Mention honorable.

37. (180). **Pongrátz** (Comte Étienne) et consorts à Pesth (Neue-Welt Gasse, n° 8). — Vins de Tokay. — Médaille d'or.

38. (181). **Pongrátz** (Comte Eugène), à Nagy-Kágya (comté de Bihar). — Vins. — Mention honorable.

39. (188). **Ranolder** (Jean évêque), Veszprém. — Vins de Somlyó, Tokay et Badacsony. — Médaille d'or.

40. (195). **Rohonczy** (Ignace), à Bogdány. — Liqueurs.

41. (196). **Rones** (Joseph), à Plesivicza. — Vins de Croatie.

42. (205) **Schnabel** (Jules), à Orawitza. — Eau-de-vie de prunes.

43. (209). **Schuster** (Joseph), à Szeben. — Vins de Transylvanie. — Mention honorable.

44. (223). **Stocz** (Antoine), à Samobor (Croatie). — Eau-de-vie de prunes.

45. (—). **Strossmayer** (Évèque), à Diakovár. — Vins d'Esclavonie et de Croatie.

46. (230) **Teutsch** (André), à Brasso (Transylvanie). — Liqueurs; rosoglio.

47. (231). **Société viticole de Tokay-Hegyalja** (Baron Nicolas de Vay, président). — Vins de Tokay. — Médaille d'or.

Membres exposants de la société : MM. A. Draveczky, Edm. Szirmay, Joseph Szabó, Selbstherr frères, Charles Vecsey, Edm. Lónyay, Dr Fortner, Alexandre Torok, Georges Molnár, Rosenwald et Ignace Nagy).

48. (238). **Ungar** (Frères), à Kassa. — Alcool.

49. (241). **Association viticole**, à Versecz. — Vins.

50. (258). **Zanelli** (Charles), à Köszegh — Vins. — Mention honorable.

51. (259). **Zdencsay** (Édouard) à Zágráb (Croatie). — Vins de Croatie; eau-de-vie de prunes. — Mention honorable.

52. (261). **Zichy** (Comte François) à Diószegh. — Vins de Diószegh. — Médaille d'argent.

53. (262). **Zichy** (Comte Henri) à Sopron. — Vins de Tokay (Hors concours, puisque M. le comte Henri Zichy est membre du jury international).

(Médailles à Hambourg (1851), Dublin (1865) et Vienne (1866).

54. (—). **Augusztiny** (Ph.), à Liptó-Sz.Miklós. — Vin de Tokay.

55. (265). **Société des marchands de vins**, à Szegzárd. — Vins rouges.

56. (266). **Zichy-Ferraris** (Comte Emmanuel), à Nagy-Szœlœs. — Vins de Somlau. — Médaille d'argent.

57. (—). **Hatz** (Pavel), à Zágráb (Croatie). — Vins et eau-de-vie de prunes.

58. (—). **Kresitz** (M.). à Zágráb (Croatie). — Vins.

59. (—). **Kulmer** (Comte Frédéric), à Zagràb (Croatie). — Vins de Croatie. — Médaille de bronze.

60. (—). **Jankovics** (Antoine). — Vins rizling et de Neszmèly.

61. (269). **Horváth**, (August), à Pesth. — Vin muscat de Badacsony.

GROUPE VIII

Point d'exposants.

GROUPE IX

Classe 83

SERRES ET MATÉRIEL DE L'HORTICULTURE.

1. (4). **Feivel** (Léopold), à Pesth. — Tentes pour jardins.

Classe 87

GRAINES ET PLANTES D'ESSENCES FORESTIÈRES

1. (3). **Glevitzky** (Alexandre), à Kassa. — Graines d'arbres forestiers.

GROUPE X

Classe 89

MATÉRIEL ET MÉTHODES DE L'ENSEIGNEMENT DES ENFANTS

1. (5). **Bontoux** (Eugène), à Marienthal (près de Pozsony). — Ardoises pour écoles.

2. (6). Exposition collective des **écoles primaires et secondaires** du royaume de Hongrie. — Compris dans la médaille d'or donnée pour l'empire d'Autriche.

— Institution des aveugles à Pesth. — Travaux d'élèves. — Mention honorable.

Classe 90

BIBLIOTHÈQUES ET MATÉRIEL DE L'ENSEIGNEMENT DONNÉ AUX ADULTES DANS LA FAMILLE, L'ATELIER, LA COMMUNE OU LA CORPORATION.

1. (11). **Académie supérieure d'agriculture**, à Magyar-Ovár. — Méthodes et collections d'insectes, de plantes et de laines pour l'enseignement agronomique. — Médaille d'argent.

Classe 91

MEUBLES, VÊTEMENTS ET ALIMENTS DE TOUTE ESPÈCE, DISTINGUÉS PAR LES QUALITÉS UTILES UNIES AU BON MARCHÉ

1. (5). **Felbermayer** (Mme veuve Auguste). — Étoffes imperméables et couvertures. — Médaille de bronze.

3. (25). **Takács** (W.) **et fils**, à Zólyom. Pipes. — Mention honorable.

4. (26). **Association des potiers** à Debreczen. — Pipes de Debreczen et tubes pour pipes.

Classe 92

SPÉCIMENS DE COSTUMES POPULAIRES DES DIVERSES CONTRÉES

1. (4). **Csernadak** (Georges), à Zágráb (Croatie). — Costumes populaires. — Mention honorable.

2. (10). **Association des tailleurs de Guba**, à Debreczen. — Guba (habit national hongrois).

Classe 93

Point d'exposants.

Classe 98

PRODUITS DE TOUTE SORTE FABRIQUÉS PAR DES OUVRIERS CHEFS DE MÉTIER.

1. (3). **Société industrielle**, à Szeben (Transylvanie). — Exposition collective d'objets industriels. — Médaille de bronze.

2. (4). **Kindl** (Joseph), à Pesth. — Chapeaux hongrois d'amadou. — Médaille de bronze.

3. (8). **Lay** (Félix), à Eszék (Esclavonie). — Tapis ; fichus.

4. (—). **Gyœrgy** (Joseph), à Paris. — Tapis en mosaïque de pelleterie. — Mention honorable.

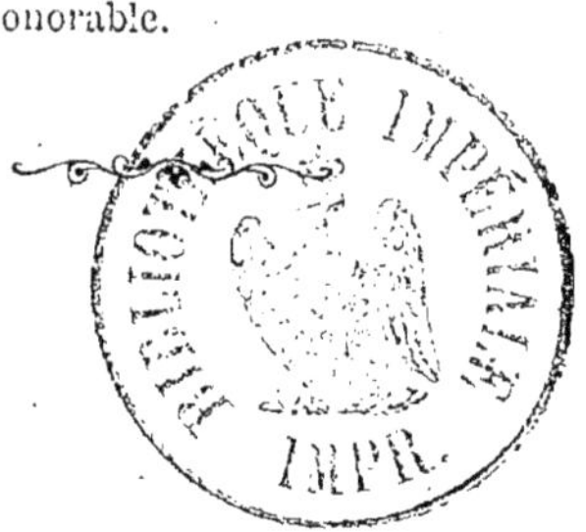

Paris. — Imprimerie A. Marc, 22, rue de Verneuil.

www.ingramcontent.com/pod-product-compliance
Ingram Content Group UK Ltd.
Pitfield, Milton Keynes, MK11 3LW, UK
UKHW022124190726
13855UKWH00003B/1028

9 782013 057905